Daxue Shenghuo
Anquan Shouce

大学生活安全手册

（第5版）

主 编 李景升

中南大学出版社
www.csupress.com.cn
·长沙·

编委会

前　言

　　学校安全工作是全社会安全工作的一个重要的组成部分。它直接关系到青少年学生安全、健康地成长，关系到千千万万个家庭的安宁和社会稳定。

　　当前，国际国内形势变化深刻复杂，高校遇到的挑战更加严峻、承担的任务更加繁重。高校校园环境与社会融合、交叉的程度越来越高，相互影响更加深刻；互联网的发展也打破了校园生活的有形边界，学生与社会接触的渠道日益增多，给高校的安全工作带来了前所未有的挑战。

　　大学生面临学习、生活、恋爱、升学、就业等一系列人生新课题，这些都可能使大学生感到茫然，产生思想波动和心理困扰，成为安全隐患。如近年来，大学生中不断有人掉进传销、网络诈骗、不良网络借贷的"陷阱"，给自己和家庭带来伤害。

　　大学生正处在身心发展的关键时期，理性和非理性并存，成熟性与感性矛盾突出，社会经验不足。每年发生的安全事件显示，悲剧的发生与受害者安全意识淡薄、不具备基本的防范意识、不了解基本的安全技能、不注意及时求助紧密相关。

　　习近平总书记在全国高校思想政治工作会议上指出，要

"坚持不懈促进高校和谐稳定"。高校有责任和义务对大学生开展安全意识教育和法治意识教育，引导大学生掌握基本的安全防范知识，养成守规矩、讲规则、重契约的习惯，为大学生的成长成才保驾护航。在此，我们在对最新的安全案例进行分析研究的基础上，收集相关资料，把有关的安全知识用简明生动、图文并茂的形式呈现给大家。

　　本书在中南大学安全委员会指导下，由编委会成员精心组编而成。本书第五版延续了第一版以来的编写理念和基本格局，在充分吸收学生和相关部门的意见和建议的基础上，对部分章节进行了修改、增删，沿用第三版以来增加的"互联网+"的形式并丰富了链接内容，尤其是新型冠状病毒肺炎的相关知识，以便读者通过扫描书中的"二维码"，观看操作视频，获得更丰富、更及时、更直观的安全知识，使本书更具可读性、实用性。

　　本书在编写过程中参考并吸收了有关专家和学者的研究成果，在此一并表示感谢。由于知识水平有限，不妥之处在所难免，恳请有关专家及广大读者提出宝贵意见和建议。

编委会

2020 年 8 月 9 日

目 录

如何报警

你会拨打 110、119、120 报警电话吗？会使用 12110 短信报警吗？

遇到紧急事件，及时、正确地报警，才能使救援人员及时赶赴现场，在最短的时间内正确施救。

报警，是件看似简单，实则有一定技巧的事。

一、如何拨打报警电话 110

交通事故报警电话 122 已并入 110

温馨提示

以下情况都可以拨打 110：

(1) 正在发生杀人、抢劫、绑架、强奸、盗窃、贩毒等刑事案件时。

(2) 正在发生扰乱商店、市场、车站、文体场所公共秩序，发生赌博、卖淫、嫖娼、吸毒、结伙斗殴等治安案件时。

(3)发生各种自然灾害事故时。

(4)发生重大责任事故时。

(5)突遇危难无力解决时。

(6)举报违法犯罪线索时。

(7)发生交通事故时。

(一)拨打110时需要说明的内容

1. 抢劫、抢夺、盗窃等刑事类案件所要说明的内容

(1)案发时间和作案人数。

(2)作案人特征：身高、体型、面貌特征、年龄。

(3)作案人逃跑方向、交通工具(车型、车号、颜色)、作案工具。

(4)作案人或其他人是否受伤。

2. 交通事故所要说明的内容

(1)出事地点。

(2)人员伤亡情况。

(3)肇事车辆的类型、车牌号、颜色。

(4)若逃逸，尽量说明逃逸方向、车辆特征、车牌号等。

(二)拨打110要注意的事项

(1)遇到紧急需要时，一定要及时、就近拨打110。

(2)如果遇到电话忙音，请耐心等待，千万不要重拨，以免重复排队。

(3)报警时要按民警的提示讲清报警求助的基本情况；现

2

场的原始状态如何；是否采取了措施；犯罪分子或可疑人员的人数、特点、携带物品和逃跑方向等。还要提供报警人的所在位置、姓名和联系方式。

（4）如果因为紧张或其他原因，不能准确说明所在地点，可告知附近的主要建筑或其他标志，或按照接警员的询问依次回答。

（5）报警后，无特殊情况，尽量不要离开报警用过的电话，以保通信畅通。有案发现场的，要注意保护，不要破坏现场。除了营救伤员，不要让任何人进入。

二、如何使用12110短信报警

12110 适用对象：听力及语言残疾人士
　　　　　　　　不方便电话语音报警的特殊情形

不方便110电话语音报警的特殊情形
◎在公交车或客运汽车上遭遇抢劫、扒窃等违法犯罪活动；
◎被绑架、非法拘禁等人身自由受到限制；
◎身处赌博、卖淫和贩毒等复杂场所；
◎其他不方便电话语音报警的情形。

注意事项：
（1）按格式正确输入报警信息接收号码。
　　号码格式：12110+所在地或受理地电话区号后三位
　　例如，长沙地区：12110731

3

（2）报警短信简要、准确地写明事件性质、地点和时间，以便警方出警。

（3）将报警短信同时发给 12110 及亲友，以防短信发生延时丢失。

三、如何拨打消防报警电话 119

火灾扑救、抢险救援请拨打消防报警电话 119

温馨提示

以下情况请拨打 119 抢险救援：
（1）各种化学危险物品泄漏事故的处置。
（2）水灾、风灾、地震等重大自然灾害的抢险救灾。
（3）空难及重大交通事故的抢险救援。
（4）建筑物、构筑物倒塌事故的抢险救援。
（5）恐怖袭击和破坏等突发性事件的应急救援。
（6）突发公共卫生事件等。

拨打 119 时，一定要沉着冷静，表达清晰，注意以下事项：
（1）讲清在哪出险，什么出险，险情多大。
（2）将自己的姓名、电话号码告诉对方，以便联系。注意听清接警中心提出的问题，并准确回答。
（3）打完电话后，立即到交叉路口等候消防车，引

如何拨打119

导消防车迅速赶赴现场。

（4）如果情况发生了新的变化，要立即告知消防队，以便他们及时调整力量部署。

四、如何拨打急救求助电话120

（1）讲清地点。注意讲清确切地址。如果不清楚确切地址，要讲清大致方位、典型地标。

（2）说清病人发病表现，如胸痛、呕吐、呼吸困难等。

（3）尽可能说明患病或受伤的时间。如果是意外伤害，要说明伤害的性质，如触电、热水烫伤、交通事故、中毒等，并报告受害人受伤的部位和情况。

如何拨打120

（4）尽可能说明有何特殊需要，了解清楚救护车到达的大致时间。

（5）留下姓名及联系方式。

（6）确认是否可以挂断电话。

（7）在约好的地方迎候指引。

温馨提示

110、119、120报警电话都是免费电话，任何有电话的单位、个人都应为报警人提供方便。

消防安全篇

人们的生活离不开火，但是，如果管理不好或者使用不当，很容易发生火灾，严重危害人们的生命财产安全。"隐患险于明火，防范胜于救灾。"只有时时关心消防、处处注意防火，才能从根本上减少或避免火灾事故的发生，保证我们的生命和财产安全。

一、失火时必须做对的事

1. 火灾发生时须特别注意的事项

（1）忌慌乱。要正确判断火势来源，朝与火源相反的方向逃生。

（2）忌使用电梯逃生。

（3）忌返回屋内取回贵重物品。

（4）忌乱开门窗。

（5）忌轻易跳楼。

（6）夜间发生火灾时，应先叫醒熟睡的人，并且大声喊叫，以提醒其他人逃生。

常备消防四宝：灭火器、逃生绳、防毒面具、手电筒。

2. 正确灭火

（1）**棉物用水灭**。木头、纸张、棉布、衣服等起火，可以直接用水扑灭。

（2）**油火不用水**。油类、酒精等起火，不可用水去扑救，可用沙土或浸湿的棉被等迅速覆盖起火处。

（3）**电火先断电**。电器起火应首先切断电源，然后扑救，或用潮湿的物品捂盖。

（4）**煤气湿被压**。煤气起火可用湿棉被、湿毛巾等盖住火点，并迅速切断气源。

（5）**室火勿开窗**。密闭的房间起火时，不要轻易开窗，防止空气对流加速火势蔓延。

（6）**善用灭火器**。轻微失火，可用灭火器或消防栓等防火设施自行扑救。

3. 会使用灭火设施

（1）**灭火器的使用方法**：

将灭火器提到起火地点附近，站在火场的上风头：

①拔下保险销；

②一手握紧喷管，另一手捏紧

压把；

③保持有效距离(离火焰1.5米左右)，将喷嘴对准火焰根部扫射。

如何使用灭火器

干粉灭火器——适宜于扑救石油产品、油漆、有机溶剂火灾，也适宜于扑灭液体、气体、电气火灾(干粉有5万伏以上的电绝缘性能)，有的还能扑救固体火灾。

注意：干粉灭火器不能扑救轻金属燃烧的火灾。不宜逆风喷射。

二氧化碳灭火器——适宜于扑救贵重仪器设备、档案资料、计算机室内火灾。它不导电，也适宜于扑救带电的低压电器设备和油类火灾，但不可用它扑救钾、钠、镁、铝等物质火灾。

1211灭火器——特别适用于扑救精密仪器、电子设备、文物档案资料火灾，也适宜于扑救油类火灾。

泡沫灭火器——它最适宜扑救液体火灾，不能扑救水溶性可燃、易燃液体(如：醇、酯、醚、酮等物质)的火灾和电器火灾。

(2)消防栓的使用方法：
①找到离火场距离最近的消防栓；
②打开消防栓箱门，取出水带；
③将水带的一端接在消防栓出水口上，另一端接好水枪；

如何使用消防栓

④拉到起火点附近，打开消防栓阀门。

注意：在确认火灾现场供电已断开的情况下，才能用水进行扑救。

4. 懂得自救

（1）**冷静判断，不盲目采取行动**。身受火灾威胁，切勿惊慌，要冷静地确定自己所处的位置，分析判断火势，不要盲目采取行动。

（2）**速拨火警 119**。

（3）**湿物封门**。当大火封门无法逃离时，要关紧迎火的门窗，打开背火门窗；并用湿毛巾、湿棉被等塞住门窗缝隙，然后不停用水淋湿房间，防止烟火渗入。

（4）**暂避阳台**。被烟火围困时，应尽量待在阳台、窗口等易被人发现和能避免烟火近身的地方。白天可向窗外晃动鲜艳的衣物等，晚上可用手电筒不停地在窗口闪动和敲击东西，及时发出有效求救信号。

防烟入室，等待救援。

（5）**显处求生**。在被烟气窒息失去自救能力时，应努力滚到墙边或门边，既便于消防人员寻找、营救，也可防止房屋塌落时砸伤自己。

（6）**打滚灭火**。如果发现自己身上着火了，不要猛跑，要赶紧脱掉衣服或就地打滚，压灭火苗；及时跳到水里，或者往身上浇水。

温馨提示

如果穿的是单层化纤衣服，不要盲目脱衣服，以免衣服与皮肤粘连强行撕扯导致皮肤外伤加重。

5. 正确逃生

(1)**快撤离**。火势初起时可用自来水、湿毛巾自救，如火势已大，要立即撤离火场。

(2)**报火警**。立即拨打火警电话119，并用手机、固定电话等向外发送信号，等待救援。

(3)**勿恋财**。身处险境，应快速逃生，不可因贪恋财物而耽误逃生时机。

(4)**贴地行**。室内充斥大量烟雾时，可用湿毛巾捂住口鼻，压低姿势，沿地面爬行(距地面 20cm 以内残留着空气)，迅速逃往安全区域。

(5)**巧逃生**。一层宿舍失火，烟火封住出口时，可从窗口跳出去。二楼、三楼失火，可用床单、被套、窗帘等制成安全绳，从窗口缓缓下滑。高层宿舍着火，火势尚未控制楼道时，应立即通过安全通道向外疏散，切勿乘坐电梯。

📖 **特别链接**

逃生 12 法

1. 逃生预演，临危不乱　　2. 熟悉环境，牢记出口
3. 通道出口，畅通无阻　　4. 扑灭小火，惠及他人
5. 镇静辨向，迅速撤离　　6. 不入险地，不贪财产
7. 简易防护，蒙鼻防护　　8. 善用通道，不用电梯
9. 缓降逃生，滑绳自救　　10. 避难场所，等待救援
11. 缓晃轻抛，寻求援助　　12. 火已及身，切勿惊跑

二、宿舍消防安全

【预防措施】

要杜绝宿舍发生火灾，须做到"九不要"：

一不要乱拉电线、乱接电源。

二不要违规使用"热得快""电饭煲""干鞋器""暖手宝"等电热设备。

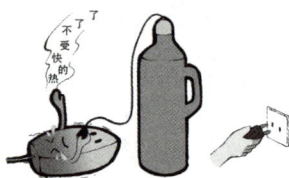

三不要在床上吸烟，在室内乱丢烟头、火种。

四不要使用电器时无人看管。

五不要在室内用明火寻物，更不要在室内燃烧杂物、使用酒精炉等明火器具。

六不要把台灯靠近枕头或被褥。

七不要使用假冒伪劣电器。

八不要携带易燃易爆物品入室。

九不要损坏灭火器和消防设施，占用、堵塞疏散通道。

温馨提示

夏季点燃的蚊香要放在金属支架上，远离可燃物。

【应急要点】

(1)对突然发生的比较轻微的火情，应及时采取正确、简便的方法灭火，并确认火已完全扑灭，避免火势再起。

(2)及时拨打119报警。

(3)正确自救、逃生。

三、教室消防安全

【预防措施】

教室是集中授课的地方，人口密度大，消防安全最重要。

(1)保持通道畅通，教室门口不堵塞，不要只开一个门。

(2)不使用大功率照明灯或者使电取暖器靠近易燃物。

(3)不违反操作规程使用电子教具。

(4)经常检查电线线路，防止线路老化或超负荷。

（5）按照安全规定存放易燃物品，不乱丢弃烟头等火种。

【应急要点】

教室失火时不要慌张，要听从老师指挥，有序疏散。

（1）火势微，要自救。教室失火，在火势尚小时，可立即用教室里配备的灭火器扑火自救，或用衣物将火压灭。

（2）火势大，快逃生。火势发展，应立即跑到室外；如教室里已充斥大量烟气，撤离时可用手绢、衣袖等捂住口鼻，并弯腰低姿势快行，防止烟气吸入。

（3）发信号，报火警。如果被困室内，要立即通过手机、电话等报火警，并通过敲击出声、打亮手电筒、摆动衣物、向窗外扔物品等向外发出信号，等待救援。

四、实验室消防安全

【预防措施】

（1）危险物品专人管。实验室里的易燃易爆物品或者其他危险有毒品要妥善保存，专人管理，防止随意取用发生危险。

（2）搬运、使用要谨慎。搬运、使用实验器具及药品时要小心谨慎，防止打碎洒落发生火灾。

（3）试剂存放要分类。按要求使用、存放试剂，切勿试剂混存，以防爆炸。

14

(4)**实验过程守规程**。实验过程要认真细心，遵守各项操作规程。

(5)**防火措施要跟上**。实验室内或者特别实验项目要配备防火措施，以备不时之需。

(6)**发现隐患快上报**。实验室内发现易燃易爆物品或其他火灾隐患，要立即向实验室管理人员上报。

【应急要点】

放好、管好实验用的易燃易爆物品，掌握意外情况下的自救逃生方法。

(1)针对实验项目使用的易燃易爆实验试剂，准备相应的防火设施。

(2)迅速将所有的易燃易爆物品转移到安全区域。

(3)简易防护，迅速撤离。实验室试剂遇火可能产生有毒气体，应用湿毛巾等物捂住口鼻快速撤离，避免中毒。

五、图书馆消防安全

【预防措施】

图书馆藏书量大，是防火重点。

(1)**熟悉环境**。应熟悉安全疏散指示标志和逃生通道示意图，留意消防救生设施存放的位置。

(2)**防"燃头"**。不随意乱丢烟头、火种，不携带打火机等进入图书馆，防止火

不要携带打火机、火柴进入图书馆

柴、打火机等意外点燃。

(3)**常查线路**。要定期检查电路，及时更换损坏、老化的电线，保证电线、插座、插头等不超负荷。

(4)**慎用明火**。遵守相关安全规定，不随意使用明火。

(5)**不堵通道**。不将用于疏散的楼梯口、防火门堵塞、锁死，以保持逃生通道畅通。

【**应急要点**】

(1)火势初起时，应立即用灭火器等消防工具灭火，同时拨打119报警。

(2)迅速关闭图书馆书库与阅览室之间的安全防火门，防止火势蔓延。

(3)迅速疏散馆内的学生和其他人员；保持镇定，有序撤离。

(4)逃生时用手绢、衣袖等捂住口鼻，沿消防通道和疏散的指示标记撤到安全区域。

(5)可多方利用消防通道、楼梯等逃生；还可利用排水管、室外突出部分、各种门窗以及避雷网等逃生。

六、礼堂、报告厅等大型场馆消防安全

【**预防措施**】

(1)确保场内人数符合额定人数。

(2)举行会议、活动时保证场所的门打开。

(3)了解消防通道，记住疏散方向，保持疏散通道通畅。

(4)会议、活动期间不要使用明火或烟花爆竹来增加气氛。

【应急要点】

（1）及时采取有效措施控制火险。

（2）迅速拨打119报警。

（3）沉着冷静，严守秩序，听从安排，快速沿消防通道有序撤离。

（4）千万不要盲目地跟从人流和相互拥挤、乱冲乱窜，以免发生踩踏，反而妨碍逃生。

交通安全篇

大部分道路交通事故是由各种机动车和行人违反交通规则引起的。我国摩托车、大型客车、汽车、自行车、电单车和行人等在同一路面上混行的现象还比较普遍，因此，我们在出行时除了自己要遵守交通规则外，还要特别防范那些不遵守交通规则的车和人，避免交通事故的发生，保证我们的生命和财产安全。

一、行走安全

预防和应对策略：

（1）遵守行走规则，不抢道、抢行。

（2）横穿马路、铁路时，要看清红绿灯，走人行专道。

（3）在没有斑马线、天桥、地下通道路段过马路，要注意车辆来往，"一慢、二看、三通过"，不要只看到一边无车便贸然横冲。

（4）不要在路上横排行走、追逐打闹、斜穿猛跑。

（5）在人流量较大的地方要靠路边行走，不要在马路中间行走。

（6）须直行通过时，不要在车辆临近时突然横穿。

（7）对一些标有"禁止通行""危险"字样的地域，不要无所谓，要做到行其所应行，止其所当止。

（8）行走时不看手机、不戴耳机听歌，时刻注意交通情况。

温馨提示

以下情形最易发生事故：

（1）上、下课高峰过后，因路上车少人稀思想麻痹。

（2）漫不经心，边走边看书、看手机，边走边想问题，边走边聊天。

（3）从车前、车后突然走出或猛跑横穿马路。

（4）中、晚餐时段，在生活区骑电动车的人比较多。

二、乘坐电梯安全

电梯故障或正在维修时，不要强行使用。

1. 乘坐电动扶梯

【**避险方法**】

乘梯前：确认鞋带未松开；收拢裙摆确保不会卡入缝隙内。

上下扶乘时：上扶梯时身体稍前倾，两脚踩在黄线内，及时抓住扶手带；下扶梯时身体前倾，及时松开扶手带。

乘梯时：面朝运行方向站立；不将物体放在扶手带上；不将肢体或物品伸出扶手装置以外。

紧急情况：立刻长按紧急制动按钮。

温馨提示

紧急制动按钮一般在扶梯两端，红色(偶有黄色)，一元硬币大小。

情侣乘坐电梯时，不要"难舍难分"，请及时按顺序上下扶梯。

2. 乘坐垂直升降电梯

进电梯前：先看再走。注意是否挂有"停梯检修"标志。

进出电梯时：电梯停稳，轿厢地板和楼层处于水平后，再进出。

电梯超载报警铃响时：主动退出，等待下一趟。

电梯门即将关闭时：不要强行进入。切忌一只脚在内一只脚在外停留，不要用身体或其他物品阻止电梯关门，更不要试图把手伸入门间隙使电梯门重开。

电梯开关门时：要特别注意防止衣物或其他随身物品被电梯门挤住。

电梯正常运行时：不要倚靠电梯门，不要按应急按钮。

需要电梯门保持开门状态时：按住开门按钮或请求其他乘

客帮忙按住开门按钮。

发生火灾时：禁止使用电梯逃生，请走楼梯安全出口逃生。

电梯出现故障时：不要惊慌，不要盲目自救，及时按对讲或警铃按钮通知维修人员救援，并耐心等待。

☞ 请翻到本书 P178 进一步了解应对方法

温馨提示

进电梯后面朝电梯门靠里站立。

不在电梯内抽烟、乱扔杂物。

不在电梯内嬉戏、跳动、打闹，不大声喧哗。

三、骑车安全

1. 骑车发生伤亡事故的原因

（1）骑车人注意力不集中，不注意观察和避让机动车辆，突然横穿马路。

（2）骑车人转弯时不伸手示意或不打转向灯，突然猛拐与身后同方向行驶车辆相撞。

（3）骑车不靠边，侵占机动车道，遇有情况时发生事故。

（4）车况不好，刹车不灵，车速过快，车铃不响。

（5）自行车、电动车超车，横向距离不够。

2. 防止骑车事故发生的方法

（1）出行之前先检查。确定车况好、车铃响、刹车灵。

（2）坐垫高度合适。自行车坐垫调整至一条腿够得着地面的高度，能较好应付所发生的紧急情况。

（3）注意力集中，靠边行，不抢道、不占道、不逆行。

（4）车速适中，不竞驶。不骑车追逐或在路上飞速行驶，不在人流、车流中穿来拐去。

（5）转弯慢行有示意。转弯前必须减速慢行，向后瞭望，伸手示意，不要突然拐弯；电动车转弯前必须先观察后视镜，再打转向灯示意。

（6）过街观察懂避让。横过马路时要耐心等待绿灯，先观察两头来车，确认安全后，再果断横过。

（7）雨雪天气需谨慎。

①骑车途中遇雨，不要为了免遭雨淋而低头猛骑。

②雨天骑车最好穿颜色艳丽的雨衣；不要一手持伞一手扶车把骑行。

③雪天骑车，车胎不要充气太足，以增加车胎与地面的摩擦，防止滑倒。要与前面的车辆、行人保持较大的距离。要选择无冰冻、雪层浅的平坦路面，不要猛刹车，不急拐弯，拐弯的角度尽量大些。

温馨提示

骑车十"不"

（1）不听歌骑车。
（2）不脱手骑车。
（3）不持物骑车。
（4）不骑车带人。
（5）不骑有故障的车。
（6）不骑快车。
（7）不与机动车抢道。
（8）不平行骑车。
（9）不曲折行驶。
（10）不相互竞驶。

⚠ 注意：共享单车文明使用，规范停放，不占道、不逆行、不乱停放！

3. 刹车失灵时的应急措施

（1）适量用脚后跟来点刹，但不要一直用脚制动，以免受伤。

（2）如果路面较宽，车辆较少，就走 Z 字形，或者找机会掉头运用上坡路段减速。

（3）前两种方法都行不通，就牺牲一下自己的爱车，跳车。

4. 自行车的简单维护与检查

（1）自行车要经常擦洗，保持清洁。

（2）检查车辆时要注意：

①车架、前叉等部位不能有裂痕和变形。

②各部位的螺丝要拧紧。

③车把能灵活转动。

④链条的每个节结都要仔细检查，除去裂缝节，换掉死节，上油，保证链条正常运转。

5. 电动车的简单维护与检查

（1）定期擦洗，保持车身清洁。

（2）定期检查车辆：

- 轮胎饱满，没有鼓包现象（定期给轮胎打气）；
- 刹车、车灯、喇叭等能够正常使用；
- 车把能灵活转动；
- 仪表盘显示正常。

四、乘车安全

(一)乘坐校车

(1)先下后上,排队上车,礼让老师,礼让有困难的同学。

(2)车停稳后再上下车。

(3)乘车时不将头或手伸出窗外。

温馨提示

交通法明文规定,禁止电瓶车、电动自行车载客运营。搭乘电瓶车、电动自行车发生交通事故,乘客利益将得不到法律保护。

(二)乘坐公交车

乘坐公交车应坚持"八不"原则:

(1)上车不要争先恐后、乱拥乱挤。

(2)不要把易燃易爆等危险品带入车内。

(3)在没有座位时,不要站在车门边,要抓紧车上的把手。

(4)不要将头或手伸出窗外,以免受到伤害。

(5)不要向车窗外乱扔杂物,以免伤及他人。

(6)不要在车未完全停稳时下车,应注意观察下车道路的来往车辆。

（7）不要从车前、车后突然走出或猛跑横穿马路。

（8）不要与人争执而危及自身安全。

温馨提示

公交车乘客流动性大，有时还人多拥挤，极易发生扒窃事件，搭乘公交车时要比平时多用心。

（三）乘坐出租车

温馨提示

晚上单独搭乘出租车，完成以下动作，可降低乘车风险：

拍牌照→发微信→发语音："××，我上车了，车辆信息发了照片。"

深夜或清晨，最好不要使用叫车软件叫车或搭黑车，谨防遭受人身侵犯。

1. 出租车搭乘方法

（1）需要乘坐出租车时，应在路边伸手示意，切不可站在行车道上拦截。

（2）要在出租车站或者出租车可以停车的地方上下车。

（3）一般在上车后再告诉司机前往的地址，这既可防止司

乘坐出租车

机拒载，又不会因为站在车外对话而发生意外。

(4)不要忘记系上安全带。

(5)下车时，要记得索要车票，检查随身携带的东西是否齐全。

2. 乘坐出租车的"三看、三记"原则

(1)"三看"：

一看外观。车辆的车容车貌能够直接体现出驾驶员的素质。车辆外观整洁，说明驾驶员服务意识强，在自身修养、安全行车方面能够做得比较好。

二看车内。出租车座套都是统一换洗的，至少每周更换一次。如果车辆座套脏，说明驾驶员连最基本的车辆卫生都不能保持，难以保证服务和运行安全。

三看证卡。所有出租车在副驾驶位置都有一个交通局运管处发放的文明服务卡，上边有司机的照片、出租汽车公司的名称、证件编号以及投诉监督电话。如果车内没有服务卡，请不要贸然乘坐。

（2）"三记"：

一要记住车牌号；

二要记住文明服务卡的内容；

三要记得索要车票（车票是找回丢失物品、服务投诉的重要依据）。

3. 网约车司机不按乘客要求的方向行驶如何处理？

乘坐网约车，一定要选择有信誉的正规平台约车，而且，要坐在后排位置。

一旦网约车司机偏离正常路径，不按乘客要求的方向行驶，可按下述方法处理：

（1）平静、肯定、清晰地告知司机："师傅，我要去的地方是……，你走偏了。"摇下窗户，打开导航，并跟亲朋共享实时位置。

（2）如司机坚持朝错误且偏僻的地方行驶，立即要求下车，并打电话向警察报警。

（3）如司机完全不予理会，等看到前方有行人或后方有车辆靠近时，按住车窗锁，挥手并大声呼喊"救命"。

(四)乘坐长途车(大巴车、火车)

1. 乘坐长途车时如何确保人身安全

由于长途车乘坐时间长,颠簸不止,人们在乘坐时非常容易疲劳困倦,许多人会闭目养神,甚至懵懵懂懂地睡着。这样做潜伏着很大的不安全因素,一旦遇有紧急情况容易给自身带来伤害。

比较安全的做法应该是:注意观察前方情况,用手扶(握)住前排靠椅,背向后靠,脚尽可能踩住前面可抵踩之处。这样,既有了降低运动惯性的用力点,又有了较大的向前冲击的空间,可以大大减轻甚至避免伤害。

2. 乘坐长途车时如何保证财产安全

(1)在购买车票时,最好提前准备好零钱,以防当场翻找现金,引起扒手的注意。

(2)长途出行时,尽量不要把现金、手机等贵重物品放在裤子后面的口袋里。

(3)上车时,要尽量将包放置在胸前,并用双手护住。要将行李放在自己的视野范围内,比如放在自己座位的斜上方。

(4)在乘车过程中，若有人不断向身边挤靠，要提高警惕。

(5)放在汽车行李架上的手包或背包，一定要用锁锁好。

(6)晚上乘车时，如果要睡觉休息，最好将行李拴在一起，以免被小偷偷走。

(7)下车前务必认真检查行李，确保所有物品安全。

(五)乘坐地铁

(1)进站前注意出入口的整体设计布局，防止踏空或与玻璃围墙碰撞，切勿翻越护栏。

(2)注意站内"小心地滑""正在维修"等各种安全指示，切勿奔跑、追逐。

(3)在黄色安全线以内按箭头方向排队候车，先下后上，切勿推挤。

(4)切勿跳下站台拾取跌落的物品，应寻求车站工作人员帮助。

(5)列车进站时切勿探头张望。

(6)车门蜂鸣器响起、车门即将关闭时，不要用身体或其他物品挡住车门，强行登车，更不能阻止车门或屏蔽门关闭。

(7)上车时注意列车与站台之间的空隙及高度落差，以防不慎掉入轨道或发生其他意外。

(8)车行过程中，手或身体切勿扶靠屏蔽门，不要随意走动。

(9)上车后注意随身物品，以防丢失。

（10）上车后坐稳，站立时握紧吊环或立柱，以防刹车时摔倒。

（11）如遇紧急情况，不要惊慌，要按照工作人员的指挥有序撤离，切勿扒门或擅自进入隧道。

（六）交通事故的处理

1. 交通事故处理的三个原则

（1）**及时报案**。无论在校外还是在校内，一旦发生交通事故，首先要及时报案，千万不能与肇事者"私了"。若在校外发生交通事故，除及时报案外，还应该及时与学校保卫处、辅导员取得联系，由学校出面处理有关事宜。

（2）**保护现场**。事故现场的勘查结论是划分事故责任的重要依据之一，切记发生交通事故后要保护好事故现场。

（3）**控制肇事者**。若肇事者想逃跑一定要设法控制，自己不能控制可以发动周围的人帮忙控制，并要记住肇事车辆的车辆牌号等特征。

2. 校园交通事故(责任事故)的处理程序

（1）**有人员伤亡重大事故的处理程序**：

①当事人或现场师生立即将事故地点、人员伤亡情况报学校保卫处。

②工作人员问明情况，通知学校医院医生、保卫处人员去现场，并通知校、处领导以及伤亡人员单位领导。

③事故现场：医务人员立即抢救伤员，工作人员拨打120、999将伤员送医院，死亡事故由公安机关处理；保安人员保护现场，维持秩序、疏导交通，准备灭火器。

④请交警协助处理事故。

（2）无人员伤亡一般事故的处理程序：

①当事人将事故地点报学校保卫处。

②工作人员到事故现场确认并调解事故。

③填写校园交通事故表留档备案。

3. 交通肇事逃逸的防范

（1）记下该车的车牌号、车牌颜色、车型、整车颜色等主要特征，就能通过有关部门迅速找到该车的主人。

（2）保留对方在现场的遗留物品，为以后事故处理留下依据。

车型	车牌颜色
卡车（拖挂） 大型客车（核准座位29人以上）	黄底黑字
小型卡车（小型货运车） 小型客车 出租小汽车	蓝底白字
外交使团、合资企业车辆	黑底白字
军车	白底黑字

4. 交通事故人员轻伤的简单施救

（1）一旦有人头部受了伤，应首先给急救中心打电话，再将伤者头部稍微垫高。

（2）如果胸部出现创伤，应将伤者半躺着靠在某处，以减轻肺内出血。

（3）假如事故发生时有危险液体漏出或有毒气排放，要立即远离事故现场。

（4）在发生车祸后，最常见的就是出现四肢骨折、脊椎骨折和骨盆骨折等现象。四肢骨折症状显著，不易忽略；但脊椎骨折不易被发现，现场处理不好往往会形成截瘫，造成终生不幸。因此，凡遇到可能是脊椎骨折情况时，应保持伤者安静，**绝对不能让受伤者做任何活动**。

5. 车辆碰撞时的自我保护与逃生

（1）车辆碰撞瞬间，两腿尽量伸直，两脚踏到实处，双手抱头护胸，身体后仰。

（2）若车辆滚翻，应牢牢抓住车内的固定物，让身体夹在座椅中间，使身体随车体旋转，以免在车内滚动受伤。

（3）当事故发生时，车辆若在高速行驶中，乘客不可盲目跳车，应伺机逃生。

6. 车辆起火时的自我保护与逃生

（1）车辆发生火灾，应迅速撤离。若无法从车门撤离，可打碎车窗玻璃逃生。

（2）若身上着火，应先离开车辆，然后灭火；若无水源，可就地打滚，边打滚边脱衣。

特别链接

发生交通事故，情节轻微的，可撤离事故现场友好协商解决；若需报警，可拨打 110 报警电话。

温馨提示

《中华人民共和国刑法修正案（八）》第二十二条规定，在刑法第一百三十三条增加一款："在道路上驾驶机动车追逐竞驶，情节恶劣的，或者在道路上醉酒驾驶机动车的，处拘役，并处罚金。"

"有前款行为，同时构成其他犯罪的，依照处罚较重的规定定罪处罚。"

用电安全篇

电力是国民经济的重要能源，在现代生活中也不可缺少。但是不懂得安全用电知识就容易造成触电身亡、电气火灾、电器损坏等意外事故，所以"安全用电，性命攸关"。

一、触电

实验研究和统计表明，如果从触电后 1 分钟开始救治，90%可以救活；如果从触电后 6 分钟开始抢救，仅有 10%的救活机会；而从触电后 12 分钟开始抢救，则救活的可能性极小。因此发现有人触电时应争分夺秒，采取一切可能的办法施救。

【预防策略】

(1)安全电压。不高于 36V 的电压才是安全电压。

家庭电路的电压是 220V，动力电路的电压是 380V，都高于安全电压。

（2）安全用电原则：不接触低压带电体，不靠近高压带电体。

（3）需特别注意的事项。日常用电应特别警惕本来不应该带电的物体带了电，本来应该绝缘的物体导了电。因此应该注意：

①防止绝缘部分破损。

②保持绝缘部分干燥。

③避免电线跟其他金属物接触。

④要定期检查、及时修理。

⑤发现有人触电时，应赶快拉断开关或用干燥木棍将电线挑开，绝不能用手去拉。

特别链接

（1）不要选用不合格的电器。

（2）不要用手或铁丝、钉子、别针等金属制品去接触、探试电源插座内部。

（3）不用湿手触摸电器，不用湿布擦拭电器。

（4）不要在宿舍里使用或安装大功率的电器。

（5）电器使用完毕后应拔掉电源插头。

（6）发现宿舍的电器设备损坏或失灵，不可擅自修理，要及时报告有关部门派专人修理。

（7）不随意拆卸、安装电源线路、插座、插头等。

（8）晒衣架要与电力线保持安全距离，不要将晒衣竿搁在电线上。

（9）教室内所有电源插座严禁为手机、电池等充电。

（10）要爱护用电设备，不准随便扳动、毁坏电器开关。

【应对策略】

第一步：切断电源。先要赶快拉下电源开关或拔掉电源插头，不可随便用手去碰触电者的身体。

第二步：采用绝缘的工具救援。就地使用干燥的竹竿、木棍等绝缘物品拨开触电者身上的电线或电器用具。

温馨提示

切勿用潮湿的工具或金属物质拨开电线。
切勿用手触及带电者。
切勿用潮湿的物件搬动触电者。

第三步：宽衣解带，进行急救。要将脱离电源的触电者迅速移至通风干燥处仰卧，将其上衣和裤带放松，观察触电者有无呼吸，摸一摸颈动脉有无搏动。若触电者呼吸及心跳均停止，应在做人工呼吸的同时实施心肺复苏抢救。

请翻到本书 P189 了解心肺复苏术

第四步：拨打 120 急救电话。要及时打电话呼叫救护车，尽快送往医院。

第五步：继续施行急救。在送往医院的过程中，应该继续急救。

二、电器着火

防止由电力线路、电器引发的火灾，除了需要同学们自觉遵守以下几点规定外，大家在日常生活中还要互相提醒不要留下用电隐患。

【预防策略】

坚持用电"六不"原则：

（1）不私拉、乱接电线。

（2）不使用破损的插头、插座等接线板。

（3）不购买和使用没有"3C"标志的、质量低劣的电器产品。

（4）不使用违规和大功率电器。

（5）不让宿舍中的电器长期通电。

（6）正在使用电器时不要离开。

【应对策略】

（1）切断电源后，用灭火器把火扑灭，但电视机、电脑着火应用毛毯、棉被等物品扑灭火焰。

（2）无法切断电源时，应用不导电的灭火剂灭火，不要用水及泡沫灭火剂。

（3）迅速拨打 110 或 119 报警。

温馨提示

电源尚未切断时，切勿把水浇到电器用具或开关上。

如果电器用具或插头仍在燃烧，切勿用手碰及电器用具的开关。

务必到充电桩给电动车充电；切勿私拉电线给电动车充电。

41

财产安全篇

小偷防不胜防。提高防范意识、做好防范工作是关键。

一、防盗

(一)宿舍防盗

在宿舍，常见的盗窃方式有：顺手牵羊、翻窗入室、乘虚而入、撬门扭锁、掩护行窃和窗外钓鱼等。

【预防策略】

(1) 有财防"露底"。不要炫富，更不要透露家里给你生活费或其他开支的金额及时间等信息。

(2) 确保宿舍门窗锁完好，出门时随手关窗上锁，睡前检查门窗是否关好。

可恶的小偷

（3）管好钥匙，不轻易外借；若丢失，及时换锁。

（4）遵守制度，不随意留宿外人。

（5）发现可疑人员，应提高警惕，多留心。

（6）看好自己的财物，贵重物品妥善保管。

（7）建立"宿舍联防"机制。

（8）拒绝上门推销。

（9）寄送物品不留详细地址、真实姓名。

【应对策略】

（1）保护现场，立刻报警。

①封锁现场，不准任何人进入。

②不翻动犯罪分子可能接触过的任何东西。

③不触摸可能留下痕迹的门、柜、窗等。

保护现场！

（2）设法抓住可疑人员。

①立即向学校保卫处报告。

②若可疑人员还在宿舍，退出门外并上锁守候。

③大声呼叫，向四周求助。

④抓获可疑人员后，及时送保卫部门。

（3）尽快挂失，协助调查。

①尽快挂失：存折、银行卡或者校园卡等贵重物品被窃要及时挂失。

②协助调查：实事求是，认真回忆现场情况。

（二）贵重物品防盗

银行

1. 现金

（1）现金金额较大时要尽量存入银行。

（2）小额现金入柜上锁，不随意放于桌、床等显眼处。

2. 笔记本电脑

（1）随身携带。

（2）上笔记本锁或笔记本防盗栓或笔记本防盗卡。

（3）租用保险箱存放。

温馨提示

　　根据保险箱租用协议，在租赁期内，如果保险箱强行被撬开造成箱内物品被盗，3个月不能破案的，凭公安机关的立案书和物品发票原件等，由保险箱租赁公司按丢失物品的实价进行赔偿。

3. 银行卡/校园卡

（1）设置复杂密码。

（2）不定期更换密码。

（3）在校园卡内一次不要充太多钱，并设置每次最高消费额。

（4）不要将身份证与存折、银行卡和校园卡放在一起。

特别链接

密码设置技巧：

（1）公式法：密码=N×生日6位数，N为任意数。如生日是11年11月11日，取N为6，则：

密码=6×111111=666666

（2）拼凑法：密码=父亲生日+母亲生日+自己生日（各取两位数）。如父亲生日为12日，母亲生日为01日，自己生日为28日，则密码为120128。

> 寻找一个属于自己的设置密码的独特方法

（3）谐音法：密码=有趣句子的谐音。如"爱你一生一世"谐音为"201314"。

4. 手机

（1）不要将手机放在衣服口袋里。手机最好放在包里且把包背在胸前。挎包挎在肩上后要用手臂夹着，以免拉链被人拉开。

（2）人多时把手机抓在手里。

（3）把手机用链条拴住挂在自己身上，再放进身上的口袋。

（4）手机、钱包拿出来用过后一定要放回原处。

（5）若手机上悬挂了饰品，切勿将手机放在口袋或包内而饰品露在外面，以免手机被偷。

特别链接

手机丢了，第一时间要做什么？

挂失手机，解除绑定，修改密码，通知亲友

（1）致电运营商挂失手机号。

中国移动 10086

中国联通 10010

中国电信 10000

（2）致电银行客服，冻结手机网银。

中国银行 95566	工商银行 95588
农业银行 95599	建设银行 95533
交通银行 95559	招商银行 95555
长沙银行 96511	光大银行 95595
兴业银行 95561	邮政储蓄银行 95580
民生银行 95568	广发银行 95508
浦发银行 95528	华夏银行 95577
平安银行 95511	中信银行 95558

（3）拨打 95188 解除手机支付宝的绑定。

（4）登录 http://110.qq.com 冻结微信账号，解除微信账号的绑定。

（5）通知亲友手机被盗，修改微博、微信、QQ 等密码，以防诈骗。

（6）凭身份证到手机运营商处补办手机卡。

温馨提示

不要在手机里保存这些信息！

◎身份证照片

◎私密照片

◎户口簿照片

◎银行卡照片

不要在手机支付软件及其绑定的银行卡里放太多现金。

5. 自行车、电动车

（1）买新车时要索取发票并办好相关手续。

（2）及时上锁，不乱停乱放。

（3）丢失后及时报案。

（4）购买二手车应去正规交易市场，要查看证照是否齐全。

（5）不买黑车，使被盗自行车的销售市场难以存在。

⚠️ **注意！电动车务必上大锁，务必停放在规定区域，务必在充电桩充电，切勿私拉电线充电。**

(三) 公共场所防盗

1. "三忌四不"

（1）三忌：忌拥挤、忌露财、忌独行。
（2）四不：混乱不慌、拥挤不入、僻静不走、可疑者不近。

2. 妥善保管好自己的物品

（1）少带现金，尽量带银行卡。
（2）贵重物品随身携带。
（3）将物品置于自己的视线之内，专心看管。
（4）列出物品清单，出门常清点。

二、防骗

(一) 大学生常见被骗方式

（1）通过上网聊天交友，轻信他人，被编造的谎言诈骗。
（2）诈骗者伪装身份，编造学生在校或校外受到意外伤害，对学生家长及亲属行骗。

（3）假期订购机票、火车票等被骗。

（4）在 ATM 机取款被骗。

（5）误信手机中奖短信信息被骗。

（6）因求职心切，被假冒为大学生介绍工作、提供兼职机会的黑中介诈骗。

（7）网购被骗。

【 **预防策略** 】

（1）不贪小便宜，不刷单，提高防范意识。

（2）不轻信陌生人的花言巧语。

（3）不相信短信中奖或获得礼品的信息。

（4）谨慎对待陌生来电。

（5）不随意将个人信息告诉陌生人。

（6）有人上门推销物品，不要轻易购买。

（7）不要轻易在网络上留下自己详细的联系方式和个人基本情况。

（8）上当受骗后要及时报案、大胆揭发。

【 **应对策略** 】

（1）平静心情，及时拨打 110 报案。

（2）提供线索，配合调查。

（3）勇于向消协等有关部门投诉，可申请仲裁或者寻求法律援助。

特别链接

消协热线：12315

(二) 新生入学防骗

(1) **车站**：不理会随意搭讪的人，直接找学校迎新站的工作人员；不要轻易在车站买东西。

(2) **车站迎新站至学校迎新站**：上车时看好行李，到了学校迎新站，先到院系迎新点登记，安排好住宿，整理好行李，随身带上贵重物品，然后再出去。

(3) **财物保管**：钱尽量存到银行，不要带太多现金。贵重物品要收好，或者随身携带。

(4) **报到**：需要交钱的事情自己去办，交钱后记得索要发票或收据。

(5) **购物**：不要急着买电脑等暂时不需要的东西。不要贪便宜轻易购买在宿舍推销的产品。

温馨提示

发现诈骗嫌疑人时怎样应对?

(1) 善于观察，留心识别。观察：神情，动作，言谈；识别：证件，有关材料。

(2) 多方求助，有效制止。找同学或相关人员商量；或者通过对方提供的电话、资料予以查证核实。

（3）多看、多问、多想。看：观察对方行为；问：盘问对方，听其回答；想：冷静思考。

（三）ATM 机取款防骗

1. ATM 机取款取出假钞

【应急要点】

在 ATM 机取款时，一旦发现 ATM 机上取出的钞票有异，应把钞票号码对准 ATM 机上方的摄像头使之拍下来，并立即呼叫银行工作人员前来处理。

2. ATM 机上的"警告"通知可疑

ATM 机上贴有伪造的"警告"等通知，要求持卡人按通知操作。

【应急要点】

在操作前，去银行营业厅柜台问清楚。

3. 取款时旁边有人催促

在 ATM 机上取款输入密码时，有人在身后偷窥密码、催促并前来帮忙操作，出故障后，又催你去营业厅柜台处理，多半居心不良。

【应急要点】

（1）在 ATM 机取款时，留心旁边是否有人偷窥。

（2）输密码时，用手遮挡。

（3）若有人前来帮忙操作，应厉声警告他不许靠近。

（4）ATM 机有故障导致银行卡退不出来时，应稍等一阵，看 ATM 机能否恢复正常。

（5）如 ATM 机吞卡，拨打银行服务电话。

4. ATM 机取款操作时，周边有异常情况发生

【应急要点】

在 ATM 机取款时，若有异常情况发生，如有人告诉你钱掉了，应先退出银行卡，另择时间取款。

各大银行客服热线

工商银行 95588	农业银行 95599
中国银行 95566	建设银行 95533
交通银行 95559	兴业银行 95561

☞ 请翻阅本书 P47 获取更多客服电话

（四）防假钞

真假人民币的辨别技巧：

（1）手摸鉴别法。

真币纸张有挺度，抖动能发出很清脆的响声，钞纸油墨层有凹凸感。

假钞纸张挺度差、松软、抖动的声音比较沉闷，而且油墨层没有凹凸感。

（2）眼看鉴别法。

真币的主要特征：整个票面的人物、风景、图案、花纹、颜色清晰，套印、接线准确，水印头像迎光透视，层次分明，浮雕立体感强。

假币的主要特征：整个票面颜色浑浊不清，套印、接线不准确。特别是机制图案线条均是由多色网点组成线条，水印头像是无色油墨在票面上印成假钞水印的轮廓线，迎光透视模糊不清，水印系印制后形成。

（3）观察光变面额数字。第五套人民币 100 元正面左下方用新型油墨印刷了面额数字"100"，与票面垂直观察为绿色，倾斜一定角度则变为蓝色。50 元则可由绿色变成红色。

如何辨别第五套
人民币的真伪

（4）检查阴阳互补对印图案。第五套人民币正面左下角和背面右下方各有一圆形局部图案，透光观察，正背图案组成一个完整的古钱币图案。2005 版 100 元、50 元的互补图案在左侧水印区的右部。

温馨提示

不要随意替人拆零。有时，骗子用请人帮忙将大面额钞票换成小面额钞票的方法，用手中的假钞骗走好心人的真钞。

坐出租车时，尽量使用微信、支付宝结算，以防司机接了100 元大钞后，又以没零钱为由退给你一张假钞。

（五）防电信诈骗

电信诈骗，是指通过电话、网络和短信方式，编造虚假信息，设置骗局，对受害人实施远程、非接触式诈骗，诱使受害人打款或转账的犯罪行为，通常以冒充他人及仿冒、伪造各种合法外衣和形式的方式达到欺骗的目的，如冒充公检法、商家/公司/厂家、国家机关工作人员、银行工作人员等各类机构人员，伪造和冒充招工、刷单、贷款、手机定位和招嫖等形式进行诈骗。

扫码下载国家
反诈中心App

牢记全国反诈电话96110，守护您钱袋安全。

近年，专门针对学生的常见电信诈骗案件有以下几种类型：

1. 冒充电商客服类

（1）购物退款：犯罪分子冒充淘宝等公司客服，拨打电话谎称受害人拍下的货品缺货或有质量问题，需要退款，引诱购买者提供银行卡号、密码等信息，实施诈骗。

提示：电商购物退款赔付，一定是原账号返回，不要点击陌生链接，不要随意下载陌生 App。

（2）低价购物诈骗：犯罪分子发布二手车、二手电脑、海关没收物品等转让信息，当事主与其联系后以缴纳定金、交易

55

税、手续费等方式骗取钱财。

提示：低于市场价很多的网购商品，请谨慎购买。

（3）注销代理商： 谎称因平台工作人员误操作，将受害人办理为代理商，如不注销将产生年费，诱骗受害人按其要求在新平台上进行操作注销，套取受害人信息实施诈骗。

提示：不下载陌生 App，通过官方平台查询核实。

2. 网络游戏产品交易类

受害人在平台发布游戏产品买卖信息，犯罪分子会以高价成交并邀请受害人在其提供的新平台上进行支付，再通过后台操作交易成功信息，以受害人提款时操作错误为由，要求受害人转款，解冻交易资金。

提示：网络游戏产品交易请在正规平台进行。

3. 刷单返利类

诈骗分子通常在网上以"抢红包"或"免费领取生活用品"为诱导，拉受害人入群，引导受害人下载"抢单"App，以任务完成后，能挣取收益为由，引导受害人一次次加大投入做任务，犯罪分子通过操作 App 后台数据，制造赢利假象，而进行诈骗。

提示：刷单违法，刷单兼职就是诈骗。

4. 冒充老师、好友借钱

犯罪分子冒充老师及好友，以借钱、投资，自已不方便出面等理由，提出让受害人代其转款给亲戚或(朋友)，假装先转钱给受害人，通过 PS 伪造向受害人转账的交易截图，以银行到账延迟为借口，诱骗受害人向指定账户汇款。

提示：接到陌生号码来电，自称老师或好友要求借款或转账，先核实其对方身份真伪，慎重转账。

5. 金融类贷款

犯罪分子以无抵押、无担保、超低息，只需要注册，贷款立马到账为引诱，再以信息填错，贷款额度被锁定，诱骗受害人交纳保证金或者解冻金。

提示：贷款无"低门槛"，请在银行等正规平台借贷。

【应对策略】

七不要：

(1) 不要相信任何通知中奖、领奖的信息和电话，不向指定账户汇款。

(2) 不要相信自称公检法及海关部门执法、非法包裹处理等要求配合工作的电话。

(3) 不要相信和配合类似"猜猜我是谁"的电话。

(4) 不要把自己及同学的家庭地址、电话号码等信息告诉陌生人。

（5）**不要**回复任何可疑短信，不要点击任何可疑链接。

（6）**不要**相信任何要求家属及亲戚汇款的电话。

（7）**不要**向不法人员提供个人手机卡、银行卡，成为电信网络诈骗犯罪活动的"工具人"。

坚持"三不一多"原则：

未知链接不点击，
陌生来电不轻信，
个人信息不透漏，
转账汇款多核实。

温馨提示

无论是否被骗，遇到诈骗行径均可拨打 96110 报警。

（六）求职防骗

利用大学生兼职、毕业求职的急迫心理实施诈骗，是犯罪分子惯用的伎俩。

☞ 请翻到本书 P74 了解如何预防求职被骗

（七）网购防骗

随着互联网的普及，网购已经成为大学生普遍的生活方式。但是，由于网购的法律规范尚不到位，网购诈骗更易发生。

【**预防策略**】

（1）不贪小便宜。

（2）谨慎对待要求提前汇款或缴纳订金的信息。

（3）对价格异常的商品多做考察。

（4）对不能提供座机号码、发货单号或全新商品售后服务的商品信息要多加留意。

（5）使用比较安全的安付通、支付宝、U盾等支付工具，选择第三方交易。

（6）避免在网吧等公共场所使用网上电子商务服务。

（7）提高自我保护意识，注意妥善保管自己的私人信息。

【应对策略】

（1）一旦发现被骗，要保持冷静，马上停止汇款。

（2）要求退货，或在交易3天后向交易平台投诉。投诉路径：我的宝贝→已买到的宝贝→投诉。

（3）保留凭证，包括出价的物品资料、汇款凭证、与交易对方联络的信件或者阿里旺旺等的聊天记录、鉴定结果等。

（4）向消协投诉，报警。

特别链接

网络购物技巧

基本原则：不贷款（或分期付款）消费，不贪小便宜，不私下交易，保留全部单据。

网购小技巧：

①查标题；②查价格；③查运费；④查信誉；⑤查宝贝说明；⑥查订单；⑦查包裹；⑧问细节；⑨问发货渠道；⑩用支付宝、财付通等第三方支付方式付款。

（八）网上银行使用防骗

网上银行使用便利，资金划转迅速，如不谨慎使用，极易造成损失。牢记以下防骗策略，可以降低使用网上银行的风险，保证财产安全。

（1）银行不会通过电子邮件、短信等方式要求客户提供账号、密码、支付密码等信息。

（2）当网站索要账号、密码、支付密码等个人敏感信息时，要留心。

（3）进行网上购物或网上银行交易时，应使用 U 盾，并通过正确的网址登录，不要轻易从一个网页超级链接访问银行网站。

（4）保护好自己的电脑并设置安全密码。

（5）不轻易下载来路不明的软件，安装正版的防病毒软件并及时更新版本和病毒识别码。

（6）到银行网点申请一个客户证书。

（7）定期查看"历史交易明细"，打印网上银行业务明细单。

（8）如出现异常情况，应立即拨打相关银行的客户服务热线咨询。

三、防不良网络借贷

网络借贷是新型金融模式，营利是其本质特征。

网络借贷操作简单，凭借互联网、移动客户端平台可以实现闪电借款。但是，需慎重对待：

不良网络借贷就是"绞肉机"！

（一）不良网络借贷的"坑"

1. 作为互联网新生事物必然存在的风险

欺诈——网络交易的虚拟性易产生欺诈。

不受保护——对新事物的监管必然滞后于新事物的产生；虽然，借贷利息远超金融监管规定，但利益受损时，被害者不受法律保护。

2. 不良网络借贷的挖"坑"技巧

只讲你高兴的——"无须抵押、无须担保"，甚至号称"0利息""无风险，高回报"。

不讲你害怕的——无抵押、无担保一定会高利率，0利息必然高费用。不然，他怎么赚钱？根本没有"无风险，高回报"这种事！

先收取费用——比如先收取利息、律师费、核实费、保险费、手续费、保证金等，而且其占借款额的比例远远高于正常水平。

给借款人套上"紧箍咒"——要求提供亲友电话号码、身份证等资料。只要借款人不能按时还本付息，就电话骚扰借款人亲友，甚至采取非法手段上门找借款人亲友追偿。

"滚雪球"——逾期不还，不但念"紧箍咒"，还用高额逾期利息开启利滚利"高利贷"模式。

（二）网络借贷风险的防范

三问：一问是否是正当的、紧急的事件。

二问是不是没有办法从任何其他正规渠道获得资金。

三问是否自己有可靠的收入能保证按时还本付息。

四不：不贪利、不攀比、不炫耀、不心存侥幸。

温馨提示

"裸贷"万万做不得，不管你给的照片露多少，你借的钱多少，都后患无穷。

四、小心"套路贷"

什么是"套路贷"？——背后有很多无法预想到的连环陷阱的贷款。

犯罪分子假借民间借贷之名，诱使或迫使被害人签订"借贷"或变相"借贷""抵押""担保"等相关协议，通过虚增借贷金额、恶意制造违约、肆意认定违约、毁匿还款证据等方式形成虚假债权债务，并借助诉讼、仲裁、公证或者采用暴力、威胁以及其他手段，非法占有被害人财物。

《关于办理黑恶势力犯罪案件若干问题的指导意见》（法发〔2018〕1号）等规范性文件规定：

"套路贷"是违法犯罪活动。

（一）"套路贷"放款人的目的

——非法占有被套路者（被害人）的财物

（二）"套路贷"的套路

（1）制造民间借贷假象。以"小额贷款公司"名义招揽生意——与被害人签订借款合同，获取民间借贷证据——以"违约金""保证金""中介费"等名目虚高借款，与被害人签订明显不利于被害人的合同，如"虚高借款合同""阴阳合同"及房产抵押合同等。

（2）制造银行流水痕迹，刻意造成被害人已经取得合同所借全部款项的假象。

（3）**肆意认定被害人违约**，要求被害人立即偿还"虚高借款"。

（4）**恶意垒高借款金额**。在被害人无力支付的情况下，假惺惺介绍其他**假冒的**"小额贷款公司"或个人，或者亲自"扮演"其他公司，与被害人签订**新的**"虚高借款合同"予以"平账"，进一步垒高借款金额。

（5）**软硬兼施"索债"**或者**提起虚假诉讼**，通过胜诉判决实现侵占被害人或其近亲属财产的目的。

（三）"套路贷"的防范

（1）**有见识，避"套路"**。

学习基本金融知识，有疑问多向金融专家或金融机构咨询。

理性消费。确遇经济困难，向亲友、学校求助。

（2）**别害怕，快报案**。"套路贷"是犯罪行为，一旦意识到被套路了，立即报案。

五、证件挂失

（一）银行卡挂失的一般流程

1. 临时挂失（口头挂失）

可以拨打发卡银行的服务电话办理。口头挂失需要提供的信息包括：姓名、有效身份证件号

码和卡号。电话口头挂失的有效期为 5 天，客户须在 5 天内补办书面申请挂失手续。

2. 正式挂失 (书面挂失)

(1)亲自办理。带上有效证件，到发卡银行指定网点办理。有效证件可以是：居民身份证、户口簿、军人身份证、武装警察身份证、港澳居民来往内地通行证、台湾居民来往大陆通行证或外国公民护照。

(2)委托他人代办。应携带持卡人委托书，出示代办人和委托人的有效证件，到发卡银行指定网点办理。但挂失的后续处理必须是本人办理。

温馨提示

银行卡密码挂失可通过就近的发卡银行网点办理，或者通过客服热线电话办理。银行受理后，可重新设置新密码，原密码即时失效。

(二) 校园卡挂失流程

(1)到学校校园卡服务中心或者校园卡充值点办理挂失，并冻结卡内资金。

(2)换发新卡。

★ 可到学校丢失物品招领处或者校保卫岗亭咨询是否有人交来校园卡。

（三）身份证挂失流程

（1）本人持户口簿到户口所在地派出所挂失并补办身份证。部分城市可以网上办理。补办时可以申办临时身份证，1~3天可取；快证7~15天可取；慢证一般需2个月。

（2）可到身份证丢失的当地报社（具有资质，合法的）或申明公告网站办理一个登报免责声明。

实验室安全篇

实验室是从事科学研究的重要场所。实验室里化学制剂及物品多，有时实验本身就带有一定的危险性，所以，要保证实验及实验室的安全，必须严格遵守实验室安全规程，严格按实验要求来操作，切不可麻痹大意、心存侥幸，否则，将危及自身生命及财产的安全，甚至酿成大祸。

一、易发生火灾的实验

【预防策略】

（1）防止"漏气"。实验室中的煤气管、煤气灯会漏气，使用后一定要把阀门关好。

（2）严控"易燃品"的使用。乙醚、乙醇、丙酮、二硫化碳、苯

等有机溶剂易燃，实验室不得存放过多，切不可倒入下水道，以免集聚引起火灾。

金属钠、钾、铝粉、电石、黄磷以及金属氢化物要注意使用和存放，尤其不宜与水直接接触。氢、乙烯、乙炔、苯、乙醇、乙醚、丙酮、乙酸乙酯、一氧化碳、水煤气和氨气等可燃性气体与空气混合至爆炸极限，一旦有热源诱发，极易发生支链爆炸，因此要防止它们与空气接触。

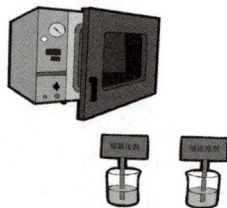

强氧化剂和强还原剂必须分开存放，使用时轻拿轻放，远离热源。

此外，过氧化物、高氯酸盐、叠氮铅、乙炔铜、三硝基甲苯等易爆物质，受震或受热都可能发生热爆炸。

【应对策略】

（1）实验室里有意外发生，应该先蹲在实验台下，躲避爆炸物的伤害，增加对气浪的抵抗力。

（2）按照正确的方式，选择安全通道离开事故现场。在事故未得到控制之前，不要返回现场如拿东西等。

特别链接

实验室烧伤的处理

如果在实验室不慎被烧伤，应采取以下措施：

（1）脱离热源。立即脱去燃烧、灼烫的衣服；无法脱去时，应用冷水浇灭或用棉被捂灭。

（2）冷却伤处。烧（烫）伤部位紧急用冷水浸泡或冲洗30分钟。

（3）吸附冲洗。若被化学品烧伤，先吸附清除残留化学品，再用流动冷水冲洗30分钟。注意不要沾染其他部位。

（4）不要随便涂抹药膏。

（5）包扎伤口。

（6）及时就医。

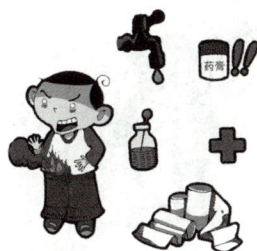

二、实验室化学品泄漏的预防与处理

【预防策略】

（1）按照相关实验室操作规定存放和拿取实验用品。

（2）不要在实验室嬉戏打闹。

（3）在实验室切记"轻拿放，慢行动"。

（4）定期清理和检查实验室用品。

（5）学会使用化学品泄漏应急组合套装。

【应对策略】

（1）及时报告。发现有泄漏化学品应及时通知负责教师。

（2）按以下程序处理泄漏物品：首先，从化学品泄漏应急组合套装内取出佩戴的防化手套

和防护眼镜，戴好。

然后，使用超强吸附品清理泄漏化学品。

之后，再将吸附品等清理物收入防化垃圾袋，贴上有害废物标签。

温馨提示

有害废物标签中必须注明有害废物的名称、产生区域和产生日期，放到泄漏应急处理桶(有毒物质密封桶套装)内运走，交由专业的废弃物处理公司来处理。泄漏应急处理桶可以在处理干净后重新使用。

(3)维持泄漏区通风良好。

(4)根据受伤原因妥善处理创伤。

普通伤口：以生理盐水清洗伤口，以胶布固定。

烧烫(灼)伤：先用冷水冲洗 15 至 30 分钟散热止痛，然后用生理盐水擦拭(勿以药膏、牙膏、酱油涂抹或以纱布盖住)，紧急送至医院。

三、实验污染的预防与处置

【预防策略】

(1)保持实验过程中的通风、排气，做好相应防护措施。

(2)严禁使用过期药品、试剂进行实验，随手盖好/旋紧试剂瓶盖。

（3）严格按照规定数量领取药品，杜绝私自存放化学药品。

（4）尽量使用可回收的试剂和可降解的无磷洗涤剂。

【应对策略】

（1）及时抽取实验废气、废液、废料，集中处理排放。

（2）根据废弃物性质，采取相应措施对其进行适当处理。

（3）严控化学试剂的用量，在满足实验要求的前提下，适当降低采样量，开展微量、半微量实验。

（4）在保证实验效果的前提下，尽量用无毒害、无污染或低毒害、低污染的试剂替代毒性较强的试剂，减少污染物排放。

（5）在条件许可的情况下尽可能采用计算机辅助教学模拟仿真实验方式完成实验，实现化学试剂和仪器装置"零投入"和"废弃物零排放"。

特别链接

"三废"处理

（1）废气

①产生少量有毒气体的实验应在通风橱内进行。通过排风设备将少量毒气排到室外。

②产生大量有毒气体的实验必须具备吸收或处理装置。

（2）废渣

少量有毒的废渣应埋于地下固定地点。

（3）废液

①废酸液，可先用耐酸塑料网纱或玻璃纤维过滤，然后加

碱中和，调 pH 至 6~8 后可排出，少量废渣埋于地下。

②剧毒废液，必须采取相应的措施，消除毒害作用后再进行处理。

废渣处理

③实验室内大量使用冷凝用水，无污染可直接排放。

④洗刷用废水，污染不大，可排入下水道。

⑤酸、碱、盐水溶液用后均倒入酸、碱、盐污水桶，经中和后排入下水道。

⑥有机溶剂回收于有机污桶内，采用蒸馏、精馏等分离办法回收。

⑦含重金属离子的废液用沉淀法等集中处理。

温馨提示

在与易燃、易爆物品接触时，要做到"七预防"；

一防可燃气体或粉尘与空气混合；

二防摩擦与撞击；

三防明火；

四防电火花；

五防静电放电；

六防雷击；

七防化学反应。

四、实验辐射的预防及处理

【预防策略】

（1）避免身体各部位（尤其是头部）直接受到辐射照射，操作时需要屏蔽和缩时。

（2）做实验时必须穿防辐射服装。

【应对策略】

（1）切断放射性物质进入人体的各种途径。

（2）使用相关药物，加速放射性物质自体内的排出。

（3）如有放射性物质洒落，液体要用吸水纸吸干，粉末则要用湿抹布清除。

（4）皮肤表面一旦沾上放射性物质，应立即用肥皂水或专用去污剂清洗。

温馨提示

"三招"教你远离辐射

（1）时间防护：熟悉实验，缩短受照时间。

（2）距离防护：增大与辐射源的距离。

（3）屏蔽防护：用屏蔽材料，设置防护屏蔽。

社会实践安全篇

参与社会实践、兼职、求职就业，必须在确保自身安全的前提下进行。

一、校外社会实践与教学实习安全警示

（1）要严格遵守国家的法律法规和相关规定，不得从事任何违法活动。

（2）要严格遵守社会实践和教学实习单位的各项规章制度，服从管理。

（3）要增强安全防范意识，提高自我保护能力，明辨是非，要拒绝他人的无理要求。

（4）要切实重视人身和财产安全，防火、防盗、防骗、防各类突发事故的发生。同学间应相互关照，如发现异常情况，应尽快报告带队老师。

（5）要特别注意晚间安全，晚上务必关闭好门窗。

（6）要遵守交通法规，不得无证驾驶，不乘用不合规定的车辆。发现安全隐患及发生特殊问题应及时向带队老师报告，不得拖延。

（7）未经允许，不得擅自离开社会实践地、教学实习单位以及居住地外出活动。如确需外出，要结伴而行，并告知班干部、带队老师及同室其他同学外出方向、联系方式，切记及时返回。

（8）不得私自到江河湖海、水库、山塘等地游泳，不得到危险地带游玩，不得从事危险性活动。

（9）要自尊、自重、自爱，遵守社会公德和公共场所的有关规定。远离毒品，不打架斗殴，不酗酒闹事，不观看淫秽书刊和音像制品，不浏览色情网页、视频，不得参加传销，不从事迷信活动，不参加非法组织。

（10）在实习期间要注意与家长保持信息畅通，而且要始终保持与带队老师的联系。

二、注意求职安全

1. 提高求职防骗意识

求职时需要特别注意的几种情况：

（1）**非正规招聘信息**。留心公司信息不规范的招聘信息，比如：单位名称/地址不详，联系电话只有手机、QQ 或其他网上即时通信工具，没有固定电话。

（2）**提前收取费用**。要留心那些提前收取服装费、食宿费、培训费、押金、保证金、报名费等各种费用的信息，如果已缴

纳，要索取收据、发票等凭证，注明收费项目。

（3）直接预约面试。高薪但无须任何条件或条件很低，不是传销圈套，就是色情服务工作。

【预防策略】

（1）遇到无证照或证照不全的"黑职介"，应及时向相关劳动部门或工商部门反映。学生兼职尽量选择学校勤工助学岗位或者校内中介。

（2）拒交各种名义的押金、保证金，拒绝抵押证件，保护好身份信息，谨防泄漏。

（3）远离传销。

（4）避开招聘信息中预留的联系方式，通过查询招聘单位的其他电话进行核实。

（5）不要轻易到外地实习；如果要去，则到劳动保障部门咨询并办理正规手续。

（6）尽量通过校园宣讲、双选会或人才市场参加招聘与面试。

（7）慎与用人单位签订协议书。

（8）慎待网络兼职。

☞ 请翻阅本书 P78 "慎待网络兼职"

【应对策略】

发现被骗，立即向招聘单位所在地的劳动保障部门、人事局、劳动监察大队或公安局派出所报案并通知辅导员，同时寻求法律保护。

📖 **特别链接**

获取就业和兼职信息的主要渠道

平台	主要渠道
中南大学毕业生就业指导服务中心	中南大学毕业生就业指导服务中心
	"中南大学就业指导中心"微信公众号
公共就业服务机构	省(自治区、直辖市)毕业生就业指导中心
	市(区、县、镇、街道)人才服务中心
	市毕业生就业服务中心和社会保障局
	职业介绍服务中心或各区县公共就业服务机构等
经营性服务机构	人事部门颁发经营许可证的民营就业服务组织
	由劳动保障部门颁发经营许可证的民营就业服务组织
就业信息平台	国家有关部委主办的全国性就业信息网站
	地方主管部门主办的就业信息网站
	各高校就业信息网站及微信公众号
招聘活动	国家有关部门、各地、学校、用人单位等相关机构组织的各类现场或网络招聘活动
企业实习	社会实践
	实习生计划

2. 注意校外兼职安全

（1）不选择资质不明、证照不全的中介机构介绍的工作。

（2）不轻信熟悉的人或单位。

（3）不在没落实工作的性质、时间、地点、形式、待遇等细节的情况下急于上岗。

（4）不接受收取费用（如押金、服装费、培训费、附加消费要求等）的工作。

（5）不盲目追求高工资、高待遇。

（6）一旦自身合法权益受到威胁或侵害，要设法借故离开，及时报警并与学校学生工作部或保卫部门取得联系。注意保留证据。

证据：招聘单位的详细地址，能证明招聘单位不规范行为的凭证等。

（7）不泄漏个人信息。涉及与个人信息（如父母的电话号码和个人身份证号码、银行卡号及密码等）有关的话题时，一定要提高警惕，不能轻易告知他人。

（8）不贪小利，不随意接受别人的馈赠。

（9）注意交通安全，保管好贵重物品。

（10）不去不熟悉的场所工作，尽量避免晚上工作。

温馨提示

◎着装应尽量职业化；

◎警惕老板的过分亲热、过多表扬、请吃请喝；

◎不要轻易答应别人送你回家，晚回家最好让朋友来接或者走人多的地方；

◎尽量不要跟着别人去人少的地方或者鱼龙混杂的场所；

◎公众场合尽量不要喝酒。

3. 慎待网络兼职

目前大学生上网非常普遍。有的同学天真地以为有上网娱乐、赚钱两不误的美差，殊不知一不小心就掉入网络兼职的骗局，上当受骗。

【预防/预警】

网上兼职以遇到信誉欺诈最为常见。

（1）兼职信誉类欺诈基本流程

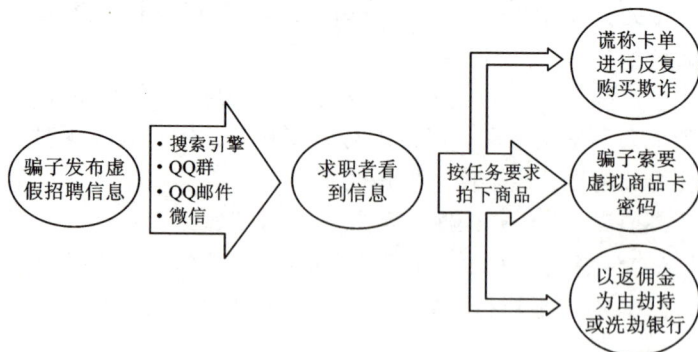

骗子发布虚假招聘信息 → ・搜索引擎 ・QQ群 ・QQ邮件 ・微信 → 求职者看到信息 → 按任务要求拍下商品 → 谎称卡单进行反复购买欺诈 / 骗子索要虚拟商品卡密码 / 以返佣金为由劫持或洗劫银行

(2)核心诈骗手段——兼职代刷

近年最常见的兼职代刷骗局：淘宝刷钻、手机充值卡刷信誉、游戏点卡刷信誉。

诈骗平台：多通过电子商务平台、QQ群、QQ邮件、微信等渠道发布高薪兼职信息，随后用人工欺诈与钓鱼网站相结合等方式实施欺诈。

诈骗流程：通常骗子们会要求应聘者有一定网购经验并开通网银，再以虚拟商品为交易对象，利用受骗者对网络付款机制不熟悉进行诈骗。

特别链接

升级版诈骗手段

◎谎称系统卡单循环欺诈

◎淘宝店主代付刷钻

◎授权支付返佣金

◎冒充360官方身份获取信任

◎安装木马劫持网银

【应对策略】

（1）不帮人行骗。用虚假的交易方式刷店铺信誉本身就是欺骗行为，类似的兼职招工都是骗局。

（2）拒绝截图要求。真正的卖家完全可以通过查看交易记录来证实交易是否成功，而不会要求别人发截图证明交易成功。

（3）不相信"卡单""掉单""付费激活订单"的鬼话。这些话几乎都是欺诈专用术语，见到此类词语，基本可以断定对方是骗子。

三、谨防传销陷阱

把你的亲戚朋友介绍进来，你就可以当土豪

1. 什么是非法传销

传销是指组织者或者经营者发展人员，通过对被发展人员以其直接或者间接发展的人员数量或者销售业绩为依据计算和给付报酬，或者要求被发展人员以交纳一定费用为条件取得加入资格等方式牟取非法利益，扰乱经济秩序，影响社会稳定的行为。

在我国，非法传销的表现形式包括"拉人头"传销、骗取"入门费"传销、团队计酬传销等。

2. 非法传销的特点

只要拉他们进来，我就可以坐享其成了。

（1）传销员以介绍他人参加为主要业务，且收入主要来自新成员交纳的入会费。

（2）以交纳高额入会费或以认购商品方式变相交纳高额入会费作为加入条件。

（3）产品无满意或责任保险。

（4）不准退货或退货条件苛刻。

(5)强调高报酬及坐享其成。

(6)传销员应享权利缺乏保障。

(7)赚钱就跑。从经营观念看，它不是长期提供优质产品，满足顾客需求，而是短期内诈取大量财富，赚钱就跑。

校园非法传销陷阱常常以招聘直销员的面目出现。

3. 如何避开传销陷阱

(1)学会辨别传销和直销。

什么是直销

○直销通常是指产品和劳务不通过中间商而直接由生产者到达最终使用者的营销方式。主要有推销员直接把产品卖给最终使用者、邮寄销售、工厂经营零售店几种形式。

○直销员报酬的获得主要来自零售利润。

○直销员是公司雇员，须与公司签订劳动用工合同，公司要替员工购买"五险一金"。

(2)不做一夜暴富、坐享其成的"美梦"。

(3)亲兄弟，明算账。对突然冒出来的"亲情"多分戒备心。真是"亲人"就不会拖延、忽悠，该签的合同就一定会及时签。

(4)审查资质。加入一家公司也好，接受一家公司的推销也好，首先要了解该公司的资质，仔细核实招聘公司的真实性。

（5）慎赴外地与网友见面。

特别链接

经过批准的直销企业名单的查询入口：

商务部直销行业
管理信息系统

打击传销
规范直销信息系统

上网安全篇

当互联网以其无可置疑的速度席卷全球的时候，对人类的精神层面而言，无疑是打开了一个"潘多拉的盒子"。随着互联网的迅速发展，大学生的学习、生活已经离不开网络。通过网络，大学生可以获取丰富的信息和知识。但是互联网是把"双刃剑"，网络交友、网络购物、网络游戏的不当使用，会给大学生的身心健康带来一定的危害，造成不可挽回的后果。

一、上网的生理安全

长时间不正确上网对使用者的眼睛、颈椎、脊椎、腰、背、手指、手腕、下肢、皮肤等均可造成损害，甚至可能降低人体的免疫功能。

【预防策略】

（1）保持正确的操作姿势。

（2）眼睛与显示屏保持 60cm 以上的距离，且显示屏亮度、环境光线适宜。

（3）选用优质键盘、鼠标，防止手腕、手指疾病发生。

（4）选择辐射低的显示器。

（5）不长时间连续上网，每隔 1 小时走动一下。

（6）注意上网环境，保持空气新鲜；不到无合法资格、无安全保障、照明差、空气不好、卫生条件差的网吧上网。

二、上网的心理安全

【预防/预警】

常见网络心理困惑或问题：

（1）**网络依赖症**。每天没有一定的理由，无节制地花费大量时间和精力在网上聊天，浏览信息，泡论坛、贴吧，玩游戏等。

（2）**网络交际成瘾**。在现实中沉默寡言、不愿与人交往，但是喜欢网络交际，经常上网聊天，成为数字公民。

（3）**网络躁狂或抑郁**。一段时间不上网就感到失落、空虚、焦虑、烦躁不安，并产生攻击别人、悲观厌世的情绪。

"网瘾综合征"自我诊断方法

有些心理学家提出 8 项标准用以自我诊断"网瘾综合征"。

(1)是否觉得上网已占据了你的身心？

(2)是否觉得只有不断增加上网时间才能感到满足，从而使得上网时间经常比预定时间长？

(3)是否无法控制自己上网的冲动？

(4)每当互联网的线路被掐断或由于其他原因不能上网时，是否会感到烦躁不安或情绪低落？

(5)是否将上网作为解脱痛苦的唯一办法？

(6)是否对家人或亲友隐瞒迷恋互联网的程度？

(7)是否因为迷恋互联网面临失学、失业或失去朋友的危险？

(8)是否在支付高额上网费用时有所后悔，但第二天却仍然忍不住还要上网？

如果被诊断者有 4 项或 4 项以上表现，并已持续 1 年以上，那就表明其已患上了"网瘾综合征"。

【应对策略】

一旦出现上网心理疾病，就要面对现实，及时进行心理咨询，主动接受心理治疗。

温馨提示

警惕不良上网心理：

(1)追求刺激，炫耀智力。把网络当成追求刺激、炫耀智力的平台，以破解别人的密码、攻击网络禁区为乐，乐此不疲。

(2)恶作剧。以给人制造麻烦为乐，作弄人。

(3)报复陷害。利用网络传播的快捷、广泛特点，对他人实施报复或陷害。

(4)法盲侥幸心理。自以为网络无国界、无法律，上网不留痕，以为上网人多作案了也抓不到。

(5)转发、散布谣言，发表伤害国家、民族感情的言论，以求关注。

三、上网的信息安全

1. 防范"网络黑客"

(1)个人密码长度应不少于 8 位且含大小写字母和数字。

(2)装好杀毒软件，经常升级系统版本，及时安装系统补丁。

(3)定期清除浏览器历史记录，切勿自动保存账号密码。

(4)尽量避免在公共场所使用没有密码的无线网络，尽量不要使用公共电脑登录个人社交、购物、金融等平台。

(5)每次使用 U 盘等移动存储设备传输文档前都扫描杀毒。

2. 慎待"网络交友"

（1）不要单独与网友会面，不要被网络恋情所迷惑，尽量避免通过网络社交平台寻找"玩友""驴友""发烧友"等。

（2）不要轻率地说出自己的真实姓名、地址、电话号码、身份证号、家庭成员等信息，不要随意向网友发送自己的照片。

（3）不要抱着体味新鲜、追求艳遇的不正当想法去网络交友，避免陷入"美女蛇""仙人跳"等交友陷阱。

3. 远离"网络色情"

网络色情活动的本质是违法的，一旦链接进入，不仅费用奇高，而且难免遭遇"网络绑架"，个人信息、私人财产甚至人身安全都将受到侵害。

【 应对策略 】

一旦发现网页界面异常，立即退出；千万不要为满足一时好奇而点开可疑链接。

4. 预防"网络钓鱼"

（1）不要随意打开不知来源的电子邮件。

（2）不要轻易相信中奖等一些虚假信息。

（3）不要打开从网上下载后未经杀毒软件扫描处理的软件。

（4）不要打开 QQ、微信等即时通信工具上传来的不明文件。

（5）任何涉及金钱交易的行为都要三思而后行。

特别链接

如何识别"钓鱼网站"

1. URL 地址克隆

使用与真实网址非常相似的域名，如：中国农业银行的网址是 www. 95599. cn，网上出现 www. 95599. com、www. 95569. cn 等克隆网站，虽然只有一字之差，然而却是天壤之别。

95599. cn / 95599. com　95599/95569 傻傻分不清

2. 页面形式内容克隆

假冒网站与正规网站界面一样，唯一的区别之处是输入账号密码的位置。在点击账号密码输入框时，要注意检查 IE 是否启用加密链接(看看网站地址栏是不是有小锁的图标)。

中国农业银行 证▾　🔒 https://perbank.abchina.com/日

温馨提示

个人网络信息安全"五大黄金法则"

(1)个人重要信息不要通过邮件发送或电子化存档。

(2)装好杀毒软件以及最新的系统补丁，不要使用外挂及抢票、抢课助手等"流氓软件"。

(3)对于涉及金钱交易的网站要核实其网址的正确性，及时安装安全插件，完成在线操作后及时退出并关闭网页。

（4）定期使用搜索引擎搜索个人姓名+个人信息等，重点查看前三页的内容，看看是否有和自己相关的隐私信息。

（5）发现个人隐私已经泄露，如果是自己建立的网页或填写的信息，及时登录网站进行删除；如果发布在第三方站点，及时通过电子邮件或电话直接联系管理员，要求及时删除。

四、切实维护网络政治安全

（1）提高政治站位。每位大学生都是中国特色社会主义的建设者和接班人，理应成为国家建设社会主义现代化强国的人才，必须提高政治站位，努力维护国家的稳定和统一。

（2）敢于发声。对于寄生网络的历史虚无主义和抹黑、诋毁社会主义的论调，要敢于亮剑，与其做舆论斗争。

（3）提高辨别力，不信谣、不传谣、不造谣。建设网络清朗空间，需要每位大学生、青年网民共同努力。

防谣辟谣篇

智能手机的问世，使人与人、人与事件之间的距离缩短到了指尖，各种信息也借此在瞬间得以传播，甚至成为网上围观事件。我们要增强法律意识，甄别网络信息的真伪，以免上当受骗，同时提防不经意间手指一点，就"参与"了谣言的传播。

一、言论自由与造谣传谣

1. 言论自由的底线

言论自由 ≠ 可以造谣传谣

言论自由是指按照自己的意愿自由地发表言论与听取他人陈述意见，是我国《宪法》第 35 条赋予我国公民的权利。

言论自由是有底线的。任何人都必须在法律的框架内发表自己的言论，否则就应受到相应的法律制裁。

> 网络不是法外之地。
>
> 造谣传谣必将受到法律的制裁；轻信谣言将自食其果。

2. 造谣与传谣的区别

造谣——为迷惑他人或达到某种目的而捏造虚假消息，主要表现为炮制虚假新闻、歪曲事实。

传谣——传播虚假消息：一种情形是明知是谣言而进行传播，另外一种情形是自己并不知情，误传了谣言。

二、造谣传谣的法律责任

根据行为性质、主观恶意及影响程度不同，造谣传谣者需分别承担民事、行政甚至是刑事上的责任。

民事责任：以承担侵权责任为主。主要包括停止侵权、消除影响、恢复名誉、赔礼道歉、赔偿损失等。

行政责任：公安机关根据《中华人民共和国治安管理处罚法》《计算机信息网络国际联网安全保护管理办法》等法律法规对造谣传谣者进行行政处罚。

刑事责任：《中华人民共和国刑法》第 246 条规定，以暴力或者其他方法公然侮辱他人或者捏造事实诽谤他人，情节严重

的，处 3 年以下有期徒刑、拘役、管制或者剥夺政治权利。

公然侮辱、诽谤他人，判 3 年。

《刑法》第 291 条规定：编造爆炸威胁、生化威胁、放射威胁等恐怖信息，或者明知是编造的恐怖信息而故意传播，严重扰乱社会秩序的，处 5 年以下有期徒刑、拘役或者管制；造成严重后果的，处 5 年以上有期徒刑。

编造、传播恐怖信息，判 5 年以下/5 年以上。

三、网络谣言受害者的主要维权途径

（1）要求相关网站立即删除、屏蔽具有侵权内容的帖子或文章。

（2）对于能明确具体的造谣传谣者的，可依法向人民法院起诉，追究其法律责任。

（3）向公安机关举报，由公安机关依法追究造谣传谣者的法律责任，甚至是刑事责任。

特别提示

在法律的框架内充分享受言论自由，不信谣、不传谣、不造谣。

四、如何辨别谣言

遇到无法辨别的信息，不要急于转发，可以从以下几个方面进行辨别：

一是观察。观察信息的发布方是否正规和权威，观察关于信息的一些评论和留言是否正常等。

二是探究。针对不确定的信息，可以通过在网络上搜索相关主题来辨认，或者就一些内容咨询专家。

三是主观判断。一些标题惊悚、内容夸张、文不对题、文图不一的信息有很大可能是谣言，不要轻易相信。

五、看到同学转发谣言怎么办

如果看到同学在朋友圈和网络社群里面转发谣言，为避免产生不良社会影响，可以从以下几个方面着手：

一是提醒同学及时删除谣言；

二是及时报告老师进行处理；

三是如影响较大，可正面发声，对谣言进行回击。

心理安全篇

大学生正处在学习、就业、恋爱、社会适应等重要人生时期，面对的矛盾多，内心冲突大，情绪易波动。然而，他们的心理调节能力还不完善，容易产生心理障碍，在得不到有效预防和干预下，甚至可能发展成为精神疾病。

一、应对心理问题的一般途径

作为社会性的人或多或少存在心理问题是非常正常的，完全没有心理问题的人几乎不存在。有心理问题并不可怕，关键是要主动预防、积极面对、正确解决。

（一）做好心理保健

（1）保持自我意识良好。自我意识良好的核心就是做到自知和自爱。

（2）保持社会功能良好，即对社会适应自如。

（3）保持良好的人际关系。

（4）积极参加社会活动。包括学生活动、社会实践、志愿服务等等。

（二）识别心理危机

心理危机的常见预兆有：

（1）心境（情绪）剧变；

（2）个性（行为）改变；

（3）死亡（自杀）想法；

（4）分发重要的个人收藏物；

（5）生活无价值感；

（6）安排后事；

（7）哭泣求助；

（8）敏感多疑；

（9）不寻常的信念；

（10）对周围事物的感知改变；

（11）嗜好改变；

（12）社交兴趣减退；

（13）精神病性症状——幻听、幻视、人格解体。

如果表现出以上任何预兆症状，应立即予以注意，并应视为心理危机进行处理！

(三) 主动求助

一般心理问题：朋辈咨询、心理疏导
严重心理问题：心理咨询师
心理障碍：心理咨询师，必要时心理医生介入
精神病性：精神病科医生对症处理

温馨提示

1. 各校区心灵家园地址及预约电话

所在校区	具体位置	预约电话
岳麓山校区	学生六舍西头一楼	88877181
麓南校区	南二舍二楼	88660041
潇湘校区	毓秀楼二楼心理中心	88836597
杏林校区	学生十二食堂三楼	89705076
天心校区	铁道科技文化中心大楼二楼	88836597

2. "心晴"朋辈互助热线：88876901
3. 心理咨询网络入口

中南大学大学生心理健康教育中心

中南大学大学生心理健康教育中心
微信公众号–中南心苑

二、快乐地生活

偶咋那么靓呢！

自卑是个体在自我认识过程中对自己能力或品质评价低，轻视或者看不起自己，担心失去他人尊重的心理。表现为对自己缺乏信心、思想消沉、情绪低落、回避交往、敏感多疑等。

(一) 放下自卑

【预防与对策】

(1) 每天睁开眼，对自己说："我是最棒的。"

(2) 突出自己，要求自己在公共场合挑前面显眼的位置坐。

(3) 昂首挺胸，快步行走(把步速加快 25%)。

(4) 练习大声当众发言，补充自信的"维他命"。

(5) 每天练习正视五个陌生人(正视会告诉对方：我非常诚实、光明正大，我的话是真的，你完全可以信任我)。

(6) 在人多的场合多做深呼吸。

(7) 每天把自己打扮得干净漂亮，偶尔换个发型，换个颜色的衣服，都会让自己自信满满。

(8) 露出牙齿，咧嘴大笑。

温馨提示

研究显示，在建立信心方面，黄色可以增强人的信心。蓝色和红色对男人有帮助，蓝色和紫色对女人的作用最大。

（二）缓解焦虑

焦虑是对一些事物、事情或者环境表现出的紧张、焦急、忧虑、担心和恐惧等感受交织而成的复杂情绪，同时会伴随出现烦躁不安、思维受阻、出汗、失眠等症状。大学生主要有适应焦虑、考试焦虑和身体状况焦虑。

【预防与对策】

（1）敞开心扉，主动寻求同学、朋友和老师的帮助与支持。

（2）多喝水，舒缓焦虑情绪。

（3）多参加户外运动（打球，踢球，爬山，游泳等）。

（4）食用抗焦虑食物，如香蕉、核桃、含维 C 多的食物、鱼类、坚果、烤土豆、全麦面包等。

（5）饮食定时定量。

（6）食物品种多样化（蔬菜，水果，豆类，肉类）。

（7）食物一定要新鲜。

（8）睡前加餐（晚上睡前喝杯牛奶，缓解焦虑情绪，提高睡眠质量）。

（9）如焦虑严重，务必遵照医嘱，选服一些抗焦虑药物。

（10）远离酒精，不要"借酒消愁"。

（11）和咖啡、可乐说"拜拜"。

让自己放松下来，如经常读一些快乐的书籍，看一些搞笑的视频，听一些诙谐幽默的相声等，当大脑和身体都放松时，我们就不会感到焦虑。

（三）摆脱抑郁

抑郁是感到无力应付外界压力而产生的一种由情绪低落、悲观、失望等交织的消极情绪，表现为情绪低落，心境悲观，自责愧疚，丧失学习、工作的兴趣和动力，回避交往，对生活缺乏信心。常伴有失眠、早醒、食欲不振、疲劳、头昏头痛等不良反应。

抑郁症的五 D 征

"D"即 Depression，抑郁症之意。所谓抑郁症的"五 D 征"即抑郁症的"懒、呆、变、忧、虑"五大临床症状特征，又称为判断抑郁症的"五字要诀"。

抑郁症的五D征

【预防与对策】

（1）多回想过去成功的经验，参加一些使人心情愉快的活动。

（2）每天睁开眼，对自己说："我是最棒的。"

（3）客观地认识世界，接受现实的不完美。

（4）放下过强的竞争意识。

（5）主动问候朋友，和他们聊天。

（6）写一篇日记，把自己此刻的想法和情绪记录下来，无论是悲观的还是乐观的。

（7）做做有氧运动（慢跑、爬山、游泳等）。

光明，轻快

有氧运动可刺激大脑分泌一种名叫苯乙胺的化学物质，这种物质能提高人的情绪，使人快乐。

每天睡觉前用热水烫脚30分钟

（8）心记"四个点"：欲望少点，攀比少点，心态平衡点，知足常乐多点。

（9）每天晚饭后在校园散步，舒缓情绪。

（10）每天睡觉前用热水泡脚30分钟。

（11）合理宣泄。

◆ 和好朋友聊个通宵，然后好好睡一觉。

◆ 看部感人肺腑的电影，痛哭一场。

◆ 在空旷无人的操场大声吼叫。

◆ 听听音乐。

◆ 犒劳一下自己。

◆ 女生可以去逛逛街。

抑郁的自我调节

● 及时治疗。若感到自己无法控制且严重持久，及时寻求医生的帮助和治疗。

● 广交好友，主动倾诉。结交一些风趣、使人愉快的朋友，主动向家人、朋友或医生倾诉。

● 做感兴趣的事。多参加活动，找一些感兴趣的事，分散精力。

● 注意饮食。多吃富含维生素 B 和氨基酸的食物，如谷类、鱼类、绿色蔬菜、蛋类等。

（四）控制愤怒

大学生一旦感觉客观事实与自己的主观愿望相违背，行动受到限制，就会产生强烈的情绪反应，愤怒不已。愤怒发生时，自制力会减弱甚至丧失理智，造成不可挽回的后果。

不要做冲动的牺牲品

【预防与对策】

（1）言语暗示，如"不要做冲动的牺牲品""过一会儿再来应付这件事，没什么大不了的"等。

（2）深呼吸 10 次，同时不断地暗示自己"放松、放松"。

（3）找个空旷没人的地方，大声吼叫。

（4）独处，一个人静一静。

（5）平时可进行一些有针对性的训练，培养自己的耐性：选择几项需要静心、细心和耐心的事情做做，如练字、绘画、制作精细的手工艺品；学习瑜伽，练习静心；读些散文。

（6）写一本动怒日记，控制自己的坏脾气。

（7）做蹲下起立、俯卧撑等动作，让愤怒变成汗水。

温馨提示

制怒剂：

玫瑰花：泡茶时放入几朵玫瑰花，饮之即可顺气。也可以单泡玫瑰花饮用。

山楂：中医认为山楂长于顺气止痛，可以缓解生气后造成的胸腹胀满和疼痛，对于生气导致的心动过速、心律不齐也有一定疗效。

啤酒：适量饮用啤酒能顺气开胃，可以使人及时走出愤怒的情绪。

莲藕：藕能通气，并能健脾胃、养心安神，亦属顺气佳品。

萝卜：萝卜最好生吃。

发怒时"五不要"：

(1)不要明明生气，却又刻意压抑。

(2)不要认为自己是对的。

(3)不要误会别人。

(4)不要迁怒于别人。

(5)不要出现冲动行为。

三、学会乐群

大学生思想活跃，兴趣广泛，人际交往的愿望强烈，渴望认识新朋友，渴望让更多人了解自己。但在具体的人际交往中，大学生常常遇到各种困难和挫折。

（一）大学生人际交往基本技能

(1)微笑。

(2)倾听。

人际交往的"二八准则"：良好的人际交往，需用80%的时间倾听，只留20%的时间说话。

（3）认同。尊重别人的愿望。

（4）衷心赞美。

（5）抱着感恩的心生活。感恩帮你的人使你感受善良，感恩伤害你的人让你学会坚强。珍惜友情、亲情、爱情。

（二）注意与同寝室同学的关系

"远亲不如近邻。"但对当代大学生来说，"近邻"往往不一定能"先得和睦"，反而可能因为交往的频繁、同学个性和阅历的差异，造成各种摩擦和冲突。同寝室同学的矛盾，突出地表现在各种各样的零碎小事中。

【预防与对策】

（1）珍惜室友，真心关心对方（自己觉得冷时关心一下别人是否也会冷，关心对方的情绪变化但不干预对方的私生活……）。

（2）每天赞美室友一句（发现室友的优点并赞美他/她）。

（3）作息时间尽可能与同寝室其他同学一致。

（4）不搞"小团体"。

（5）给室友空间，不侵犯室友的隐私。

（6）积极参加集体活动。

（7）别人有难要帮，自己有事也要求。

（8）学会分享并且不随便拒绝别人的分享。

（9）不把"卧谈会"当成显摆的机会；分享快乐、分担忧愁。

切忌让"卧谈会"变成"口舌大战"
少家长里短，多交流学习经验

(10)小小"蚁穴"一起扫。

(11)边界清楚，不因过于"马大哈"给别人带来不快。

(三)学会说"不"

在人际交往中，过分憨直可能会得罪人，过分顺从则可能让自己陷入困境。害怕说"不"的心理，是一种以自己主观为蓝本来看别人的心理投射。因为说"不"未必就能伤害到别人，本质上是自己内心受不了被人拒绝，所以认为(外投射)别人受不了拒绝而不敢拒绝别人。不论是在工作还是生活，学会拒绝对建立良好的关系、减轻自己的心理负担很有帮助。

【预防与对策】

(1)用肯定的口气拒绝。

"这个提议非常好，但目前我们还不宜采用。"

"好主意，不过我们恐怕一时还不能实行。"

用肯定的态度表示拒绝，可以避免伤害对方的感情，而用"目前""一时"等字眼，则表示还未完全拒绝。

(2)用恭维的口气拒绝。

"承蒙邀请，我很高兴。我对贵机构真的十分钦敬，可惜我工作实在太忙，无法分身，你的美意我只能心领了。"

我们不难发现，尽管前后的意思是一样的，但后者更为委婉，较易为人接受，不像前者那样有咄咄逼人之势。

(4)用同情的口气拒绝。

(5)用商量的口气拒绝。

(6)转换话题。

(7)沉默。

(3)用委婉的口气拒绝。

比较：

"我认为你这种说法不对。"

"我不认为你这种说法是对的。"

比较：

"我觉得这样不好。"

"我不觉得这样好。"

(四)学生干部与同学相处

学生干部是一个班级、组织的管理者，必须处理班级和组织的事情，因此很可能会得罪人。学会与同学相处是当好学生干部的"必修课"。

【预防与对策】

(1)真心对待每一位同学，注意与同学间的感情交流。

(2)换位思考，但要客观、平易、讲原则。

（3）别人不懂的可以积极地为他人解答。

（4）同学做错事要了解清楚错误的原因，该批评的要批评，该纠正的要纠正。

（5）耐心地听同学们的议论，尊重合理的想法。

（6）和其他学生干部聊一聊，互相交流，相互学习，相互支持。

（7）有老师的提醒和指点是一件幸运的事。

特别链接

大学生人际交往小技巧

（1）谦虚不骄傲，不因自己成绩好而看不起成绩差的同学。

（2）不背后议论别人，不说谎话，别人有缺点应当面指出来。

（3）不向别的同学夸耀自己的衣着物品等，自己有钱不随意乱花。

（4）自己能做的事自己做，不要总等别人来帮你。

（5）不取笑、挖苦别人。

（6）与同学交往时坚持"二八原则"，不只说自己的事或自己感兴趣的事。

（7）不因为别人对你提意见而生气。别人的批评会促使你进步。

（8）不乱动同学的东西。

（9）借同学东西，用完后及时归还；尽量不向同学借钱。

（10）不随便到同学家或外出请客吃饭。同学间不宜以过生日为名互相吃请。

（11）记住别人的姓名，主动与别人打招呼。

（12）与人握手时，态度真诚。

（13）说话时不要总用"我"做主语。

（14）知之为知之，不知为不知，不要装懂卖弄。

（15）有人在你面前说某人坏话时，你只微笑。

（16）不要用透露自己的隐私来获得别人认同。

（17）尊重守传达室及搞卫生的师傅。

（18）有时要明知故问：你的钻戒很贵吧！有时，即使想问也不能问，比如：你多大了？

（19）言多必失。人多的场合少说话。

（20）不要把别人的好，视为理所当然，要知道感恩。

四、搞好学习

（一）无法适应大学学习

大学的学习内容和学习方法与中学差异很大，很多学生对这种自主、多样、开放的学习模式无所适从。如果长时间适应不了，觉得困惑和焦急，甚至变得自暴自弃，就要注意采取措施，调整心态。

（1）做好心理准备。尝试接触一些新环境，锻炼自己的心理适应能力。

（2）找自己敬佩的老师交流取经。

（3）有效计划自己的时间。

（4）寻找和创造适合自己的方法。

（5）善于向周围的同学、朋友寻求帮助。

（二）学习动机不良

学习动机不良分为学习动机缺乏和学习动机过强两种情况。学习动机不良会造成紧张、焦虑等情绪，甚至产生头晕、耳鸣、新陈代谢不好、失眠多梦等问题。

1. 学习动机缺乏

面对学习任务表现出厌倦、无精打采、注意力不集中等问题，就是学习动机缺乏。

【预防与对策】

饭要一口一口地吃。

（1）拆分学习目标，将长期目标、总目标分成多个具体的近期的子目标。

（2）用不同的方式学习，使学习变得更有趣。

（3）完成任务后，笑着说"我又做到了"，奖励自己。

（4）采取 10 分钟自我竞争法，改掉拖拖拉拉的毛病。

10分钟自我竞争法

每次给自己10分钟的时间，坚持到底，看看自己在10分钟里做了多少，还剩余多少；再给自己另外10分钟，看看自己超越了多少。这样，很多事情在很短的时间里就完成了，再也不是小"拖拉"了！

2. 学习动机过强

在学习中，总是对自己的行为、能力和学习成果不满意，经常自责，这就是学习动机过强。

【预防与对策】

(1)正确认识自己，告诉自己："我已经做得很好了。"

(2)走自己的路，不要盲目攀比。

(3)劳逸结合，保证睡眠时间。

(三)学习疲劳

当出现学习效率下降、学习错误增多，同时希望停止学习和远离书本的情况时，很可能是出现了学习疲劳。学习疲劳包括生理疲劳(头、颈、背酸痛，头晕目眩，身体困乏等)和心理疲劳(失眠、忧郁、烦躁、脾气暴躁等)。

【预防与对策】

(1)学会科学用脑(平衡左右脑)，注意不同性质的学科交叉学习。

健脑补脑食物：

深色绿叶菜、鱼虾类、全麦制品和糙米、大蒜、豆类及其制品、核桃和芝麻、海藻类、动物内脏。

（2）有劳有逸，劳逸结合，适当参加体育锻炼和娱乐活动放松自己。

（3）睡个好觉。

- 每天保证 8 小时睡眠时间。
- 早睡早起。
- 睡前不剧烈运动。
- 睡前不看刺激性强的书或电视节目。

（4）排除杂念，安心学习，不急于求成。

（5）掌握自己的生物钟，找到学习的"黄金时间"。

（四）考试焦虑

在考试过程中（包括考前复习阶段和考试中）害怕考试失利或者考前准备不到位而产生的焦躁不安的情绪，同时伴随出汗不规律、面色苍白、呼吸加深、大小便频繁等问题。

【预防与对策】

（1）自制"三明治"：第一层是认同、赏识，积极地肯定自己的优点和积极面；中间层夹着建议批评；第三层是鼓励自己。

（2）考前听喜欢的音乐，读喜欢的诗文，洗个热水澡等。

（3）重过程轻结果，降低过高的考试目标。

（4）把消极心理写在一张纸上，明确告诉自己要采取的态度。

（5）考前认真备考，做到心中有数。

（6）考试中可深呼吸，保持心情平静。

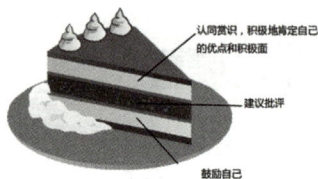

认同赏识，积极地肯定自己的优点和积极面

建议批评

鼓励自己

特别链接

学习效率自我评价

1. 时间安排问题

学习不良者应该反省下列几个问题：

（1）是否很少在学习前确定明确的目标，比如要在多少时间里完成多少内容。

（2）学习是否常常没有固定的时间安排。

（3）是否常拖延时间以至于作业都无法按时完成。

（4）学习计划是否从来都只在开头的几天有效。

（5）一周学习时间是否不满 10 小时。

（6）是否把所有的时间都花在学习上了。

2. 注意力问题

（1）注意力完全集中的状态是否只能保持 10~15 分钟。

（2）学习时，身旁是否常有小说、杂志等使人分心的物品。

（3）学习时是否常有想入非非的体验。

（4）是否常与人边聊天边学习。

3. 学习兴趣问题

（1）是否一见书本头就发胀。

（2）是否只喜欢文科而不喜欢理科，或只喜欢理科而不喜欢文科。

（3）是否常需要强迫自己学习。

（4）是否从未有意识地强化自己的学习行为。

4. 学习方法问题

（1）是否经常采用题海战来提高解题能力。

（2）是否经常采用机械记忆法。

（3）是否从未向学习好的同学讨教过学习方法。

（4）是否从不向老师请教问题。

（5）是否很少主动钻研课外辅助读物。

一般而言，回答上述问题，肯定的答案（回答"是"）越多，学习的效率越低。

五、好好谈恋爱

（一）区分爱与喜欢

"喜欢？" "爱？"

（1）爱情有较多的幻想；喜欢则不是由对他人的幻想唤起，而是由对他人的现实评价唤起；喜欢不像爱情那样狂热、激烈、迫切，始终比较平稳、宁静、客观。

（2）爱情与许多相互冲突的情绪有联系；喜欢却是一种单纯的情感体验。

（3）爱情往往与性欲有关，而喜欢则不涉及这方面的需要。

（4）爱情具有独占性和排他性，喜欢则不具有。

特别链接

I LOVE YOU

I—inject 投入　　　　L—loyal 忠诚

O—observant 用心　　V—valiant 勇敢

E—enjoyment 喜悦　　Y—yes 愿意

O—obligation 责任　　U—unison 和谐

（二）学会表达爱意

爱情是一个永恒的话题，大学生身心发展成熟，渴望爱情；但是，当爱情来临的时候，有人却不知该如何表达。不能正确表达爱意，会造成一部分人痛苦、忧郁、孤僻、失望、自卑等心理问题。

【 预防与对策 】

（1）自我激励：告诉自己"我很棒"，找到自信。

（2）记得说"早安""晚安""再见"，见面务必要打招呼或目光对视一下，不要形同路人，视而不见 。

（3）留意月圆的日子，安排一次月下漫步或月光野餐。

（4）将对方可能需要的资料等送给他（她）。

（5）即使与他（她）的朋友话不投机，偶尔也主动提议找他们来聚聚。

（6）买本他（她）喜欢的书送给他（她），或是买本你们可以一起阅读的书。

（7）写几句情话夹在他（她）的皮包里或书里。

（8）把他（她）送你的花做成干花保存起来。

（9）对方兴致勃勃地谈球赛、文艺活动或其他你不感兴趣的话题，别打呵欠，试着与他（她）共享。

（10）你知道对方对球赛、文艺活动或某些话题不感兴趣，别老拿那些东西来烦他（她）。

（11）陪他（她）看一部经常听他（她）提起的片子。

（12）利用周末带他（她）浏览一个展览，到植物园逛一圈。

（13）找个晴朗的夜晚两人一起出去看星星。

（14）买张他（她）喜欢的 CD。

（15）他（她）做了件明知你会生气的事，忍住别发脾气。

（16）对方面对工作或其他方面的压力时，为他（她）做点特别的事，不要老提醒他（她）或刺激他（她）。

（17）在他（她）的重要活动如面谈、演说、会议等开始之前打电话给他（她），表达你对他（她）的支持和信心。

（18）多称赞他（她），不论他（她）在不在你身边。

恋爱是两人之间的感情交流，如果只是一方投入感情而对方毫无感觉或者不想与之交流，就形成了单相思。这种畸形的恋情除了会伤害自己，走向极端还会伤害他(她)人。

(三)告别"单相思"

【预防与对策】

(1)不做"忍者神龟"，勇敢地表达自己的爱意。

(2)向朋友、老师倾诉，寻求支持与鼓励。

(3)让自己变得更加完美。

(4)发现对方不是"Mr. Right"时，微笑着等待下次真爱。

呵呵，原来他只是跟Mr.Right有点像

(四)分手快乐

失恋是指恋爱过程的中断，恋爱的一方否认或中止恋爱关系的结果给另一方带来的悲伤、痛苦、绝望、忧郁、焦虑等情绪，甚至产生一些负面行为。

失恋的心理表现通常为：自卑与畏缩；悲伤与痛苦；报复心理。

【预防与对策】

(1)"甜柠檬"心理：用"对自己变心的人是不值得爱的"来进行自我心理安慰。

(2)沐浴阳光。

(3)去梦寐已久的地方旅游。

(4)努力工作，转移注意力。

（5）情感转移：去结交其他异性朋友，寻找适合自己的知音。

（6）如果情感伤害不想让别人知道，可向专业心理咨询师求助。

（7）大哭一场，痛快地发泄。

（8）读一读名人的失恋故事，吸取力量。

（9）大方接受身边的关心。

（10）泡一个舒服的澡，然后从头到脚收拾打扮一下自己。

（11）放弃他（她）会回头的幻想。

真话：不是两情相悦的恋情一定会有瑕疵，不值得留恋。

特别链接

失恋八不要：

（1）不要自责。

（2）不要听那些情情爱爱的音乐。

（3）不要把自己封闭起来。

（4）不要报复。

（5）不要在别人面前提起他（她）。

（6）不要自我伤害。

（7）不要纠缠不清。

（8）不要诽谤他（她）。

特别链接

三件你不要指望的小事：

(1)不要希望他(她)会打电话给你、来看你。

(2)不要幻想破镜重圆。

(3)不要试着和他(她)的朋友或父母维持良好关系，以挽回局面。

(五)正确对待网恋

发达的网络、新媒体平台让越来越多的陌生的人相识，就算天各一方，也因为网络的神奇而变得没有距离感，而网恋也开始影响着越来越多的大学生。但是网络的虚幻、迷离又对心理不够成熟的大学生产生了一定危害。

【预防与对策】

(1)双方距离最好不超过100公里。

(2)不要开门见山发出见面要求。

(3)直接探听姓名、住址、电话的别深交。

(4)见面前最好经过电话沟通。

(5)做好最坏准备。

(6)别为追求完美让感情无疾而终。

(7)见面地点别选太僻静的场所。

（8）第一次见面行为一定要谨慎。

六、避开就业误区

（一）盲目自信

> 我什么都会，什么都能做好。

部分大学生认为自己在择业中具备种种优势：学习成绩优秀，政治条件好，学校牌子响，专业需求旺，求职门路广，等等，因而盲目自信，择业目标定得很高，满脑瓜子挤满了"淘金"梦，应聘时眼睛只盯着大城市、大机关、大企业，结果屡屡受挫，最终陷入高不成低不就的尴尬境地。

【预防与对策】

（1）对当前的就业形势进行深入分析，了解社会对不同人才的需求数量和素质要求如何，自己所学专业的人才供需情况怎样。

（2）培养平和、快乐的就业心态。

（3）弄清弄准自己的优势所在、不足之处。

（4）淡化面试的成败意识。

（5）任何事情都脚踏实地从基层做起。

（二）缺乏信心

缺乏信心的主要表现：由于就读学校非重点院校，所学专业非热门专业而内心忐忑；担心身为女生，就业受歧视；自觉相貌平常，妄自菲薄；不善言辞，害怕交际；缺少人脉，担心孤掌难鸣等。觉得自己这也不行，那也不如别人，走进就业市场就心里发怵，参加招聘面试心里忐忑不安，使很多合适的岗位与自己失之交臂。

【**预防与对策**】

(1)正确认识自己，把自己的优点写下来。

(2)怀着必胜的信心行动。

(3)学会微笑。

(4)不要错过任何一个就业机会。

(5)从容应对面试。

特别链接

面试小技巧

(1)面试前可翻阅一本轻松、有趣的杂志或书籍。

(2)提前 5~10 分钟到达面试地点。

(3)面试前深呼吸，不要紧张。

(4)面试语言要简洁流畅。

(5)平视考官，不卑不亢。

(6)回答问题时冷静思考，理清思路。

(7)语气平和，语调恰当，音量适中。

(8)知之为知之，不知为不知。

(三)这山望着那山高

在就业过程中，一部分考上了公务员的学生羡慕别人比自己赚得多，而在企业工作的同学又羡慕考上公务员的同学比自己稳定。这样当断不断、患得患失，这山望着那山高，只会让自己感到失落、嫉妒、压抑，陷入择业误区。

【预防与对策】

(1)热爱自己的工作，常说"I love my job"。

(2)学会感恩。

(3)就业选择时问问自己的真心："我到底想干什么"。

(4)不要盲目跟风。

(四)过度依赖亲人

在成长过程中因家长包办代替行为过多，养成了依赖的习惯，凡事不用自己努力、思考、操心，等着家长替自己安排，丧失了自我实现、自我争取的主观意愿。当家长无法安排自己就业或者就业岗位不理想时，不仅不从自身找原因，反而放弃一切努力，抱怨家长没能力，甚至对家长发脾气，觉得很委屈、无奈、苦恼。

【预防与对策】

(1)在大学期间多参加校园活动，提高自己的能力。

(2)多跟老师同学沟通，增强自信。

(3)心存感激，让父母休息一下。

(4)参加技能培训，为就业做准备。

（五）就业观念狭隘

在就业选择时缺乏变通，不顾社会的需要，不顾社会分工和专业化的内在联系，一味强求"专业对口"；不愿从基层做起，觉得创业太难，求稳定怕风险；过分看重薪酬待遇和户口，人为地"画地为牢"，限制了自己的选择范围。

【预防与对策】

（1）树立"先锻炼，后发展"观念。

（2）多元化发展，阅读各学科书籍，扩大知识面。

（3）选修 SYB 课，参加创业培训，提升自主创业能力。

（4）考取相关资格证书，适应多元化社会需求。

温馨提示

登录人社部官方网站，及时查询相关职业资格证书的考试、认证信息，考取国家认可的职业资格证书。

食品卫生安全篇

食品卫生安全是关系人们的身体健康和生命安全的大事。大学生们正处在身心全面发育阶段，饮食安全、膳食合理对大学生们的健康成长意义重大。

一、分清食品的保质期和保存期

保质期(最佳食用期)是指标签指明的贮存条件下保持品质的期限。

保存期(推荐最后食用日期)是指标签指明的贮存条件下预计的终止食用日期，超过保存期的食品不宜食用。

二、养成良好的饮食卫生习惯

（1）养成良好的饮食习惯。吃东西时不狼吞虎咽，不大声谈笑，不相互追逐、打闹，以免食物误入气管；一日三餐定时定量，不暴饮暴食。

（2）吃东西前应洗手，预防疾病传播。

☞ 参见本书 P144 "七步洗手法"

（3）生吃蔬菜和水果应先洗干净。

（4）选择食品时，要注意食品的生产日期、保质期。

（5）尽量不吃或少吃剩饭菜。如果吃剩饭菜，一定要彻底加热，防止细菌性食物中毒，但剩饭菜不宜反复加热。

（6）不吃无卫生保障的生食食品及街头食品。

（7）不吃或少吃油炸、烟熏、烧烤的食品。

（8）不吃腐烂变质的食物。

（9）不喝生水。

三、正确购买食品

"五不"原则：

（1）不买无生产日期、无质量合格证、无生产厂家的"三无"食品。

（2）不买信誉度不好的食品。

（3）不买标签不规范的食品。食品标签中必须有 QS 标志并标注产品名称、配料表、净含量、厂名、厂址、生产日期、保质期、产品标准号等。

（4）不买不适合自己食用的食品。

（5）不盲目随从广告。

四、科学饮用牛奶

饮用牛奶"五注意"

（1）不是所有的人都适合喝牛奶。乳糖不耐者、牛奶过敏者、胆囊炎和胰腺炎患者、消化性溃疡患者均不宜喝牛奶。

温馨提示

乳糖不耐症个体的科学饮奶
- 不要空腹饮奶，要在进食其他食物的同时饮用牛奶。
- 每日少量多次摄入乳制品。
- 用发酵乳（特别是酸奶）代替鲜乳。

（2）饮用牛奶要适量。牛奶是高渗性饮料，饮入过多或在出汗、失水过多时饮用，容易导致脱水。

（3）牛奶应温饮，不宜煮沸；少饮用冰牛奶。

（4）把握好饮用牛奶的"时机"。不要空腹喝牛奶；不要与茶和果汁等一起饮用；早上饮用牛奶，应同时吃一些富含淀粉的谷类食物。

（5）不宜饮结块奶。

五、防范食物中毒

【预防策略】

（1）不生吃食物；

（2）做好餐具消毒，避免生熟污染；

（3）食品在食用前加热充分；

（4）在低温或阴凉通风处存放食品。

【应对措施】

（1）停止食用中毒食品。

（2）催吐：用手指刺激舌头根部，引发呕吐反应

（3）迅速就医，由医务人员导泻、洗胃。

温馨提示

尽量封存中毒食品或疑似中毒食品，以便医院及执法机关查验。

六、小心食物过敏

【常见的致敏食品】

- 牛乳及乳制品；
- 蛋及蛋制品；
- 花生及其制品；
- 豆类和豆制品；
- 谷类（小麦、大麦、燕麦等）

及其制品；

- 鱼类及其制品；
- 甲壳类及其制品；
- 坚果类（核桃、芝麻等）及其制品。

【预防措施】

（1）确定致敏原并严格避免再进食（从食物中排除该食物致敏原，就不会发生过敏反应）。

（2）选择食品时要注意过敏原标注和配料表。

【紧急处理】

立即就医，遵从医嘱。

温馨提示

进食时需杜绝以下不良动作：擦鼻子、抓弄头发、挠胡子、触摸口部、抓痒。这些动作若与饮食动作连在一起，有相互污染的风险。若发觉有这些动作应立即洗手，不要怕麻烦。

温馨提示

十大"垃圾"食品及其危害

食品种类	主要危害
油炸类食品	1. 油炸淀粉易导致心血管疾病 2. 含致癌物质 3. 破坏维生素，使蛋白质变性
腌制类食品	1. 肾负担过重，导致高血压、鼻咽癌 2. 影响黏膜系统(对肠胃有害) 3. 易得溃疡和引起炎症
加工类肉食品(肉干、肉松、香肠等)	1. 含三大致癌物质之一——亚硝酸盐(防腐和显色作用) 2. 含大量防腐剂，加重肝脏负担
饼干类食品(不含低温烘烤和全麦饼干)	1. 食用香精和色素过多对肝脏功能造成负担 2. 严重破坏维生素 3. 热量过多、营养成分低
汽水、可乐类食品	1. 含磷酸、碳酸，会带走体内大量的钙 2. 含糖量过高，喝后有饱胀感，影响正餐

食品种类	主要危害
方便类食品（主要指方便面和膨化食品）	1. 盐分过高，含防腐剂、香精，损害肝脏 2. 热量高，营养低
罐头类食品（包括鱼肉类和水果类）	1. 破坏维生素，使蛋白质变性 2. 热量过多，营养成分低
话梅蜜饯类食品（果脯）	1. 含三大致癌物质之一——亚硝酸盐 2. 盐分过高，含防腐剂、香精，损害肝脏
冷冻甜品类食品（冰激凌、冰棒和各种雪糕）	1. 含奶油，极易引起肥胖 2. 含糖量过高影响正餐
烧烤类食品	1. 含大量"三苯四丙吡"（三大致癌物质之首） 2. 1只烤鸡腿＝60支烟的毒性 3. 导致蛋白质炭化变性，加重肝肾负担

七、倡导科学健康饮食

（1）膳食平衡，注意运动。

（2）戒烟。

（3）限酒。

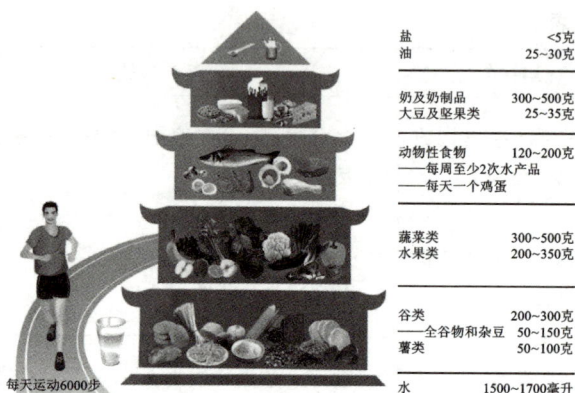

盐	<5克
油	25~30克
奶及奶制品	300~500克
大豆及坚果类	25~35克
动物性食物	120~200克
——每周至少2次水产品	
——每天一个鸡蛋	
蔬菜类	300~500克
水果类	200~350克
谷类	200~300克
——全谷物和杂豆	50~150克
薯类	50~100克
水	1500~1700毫升

每天运动6000步

中国居民平衡膳食宝塔(2022)

温馨提示

- 儿童、少年、孕妇、乳母不应饮酒；
- 不过量饮酒；
- 不酗酒；
- 不空腹饮酒；
- 不酒后驾车；
- 不在服用头孢类消炎药物后饮酒。

特别链接

世界卫生组织：食品安全五大要点

1. 保持清洁

- 拿食品前要洗手，准备食品期间还要经常洗手。

- 便后洗手。
- 清洗和消毒用于准备食品的所有场所和设备。
- 避免虫、鼠及其他动物进入厨房和接近食物。

2. 生熟分开

- 生的肉、食和海产食品要与其他食物分开。
- 处理生的食物要有专用的刀具和砧板等用具。
- 使用器皿储存食物以避免生熟食物互相接触。

世界卫生组织短片：
食品安全五大要点

3. 做熟

- 食物要彻底做熟，尤其是肉、食、蛋和海产食品。
- 汤、煲等食物要煮沸以确保达到 70℃ 以上。肉类和禽类的汁水要变清，而不能是淡红色的。最好使用温度计。
- 熟食再次加热要彻底。

4. 保持食物的安全温度

- 熟食在室温下不得存放 2 小时以上。
- 所有熟食和易腐烂的食物应及时冷藏(最好在5℃以下)。
- 熟食在食用前应保持滚烫的温度(60℃以上)。
- 即使在冰箱中也不能过久储存食物。
- 冷冻食物不要在室温下化冻。

5. 使用安全的水和原材料

- 使用安全的水或进行处理以保安全。
- 挑选新鲜和有益健康的食物。
- 选择经过安全加工的食品，例如经过低热消毒的牛奶。
- 水果和蔬菜要洗干净，尤其是在要生吃时。
- 不吃超过保鲜期的食物。

八、急性肠胃炎

【预防策略】

（1）注意饮食，不要暴饮暴食。

（2）不吃不洁腐败变质食物，不进食生冷食物或随便服用某些对胃有刺激的药物。

（3）生吃瓜果蔬菜要洗净，水果以削皮吃为好，不要喝生水。

（4）注意个人卫生，饭前便后要洗手；食具要卫生，生熟食物分开存放。

（5）少食或不直接食用冷冻食品饮料，夏季多汗可饮加入适量食盐、白糖的温开水。

【应对策略】

（1）尽量卧床休息，口服葡萄糖或加入少量食盐和白糖的温开水，防止脱水。

（2）较严重时应及时就医。

特别链接

全民健康生活方式行动："三减三健"

● 三减：减盐、减油、减糖
● 三健：健康口腔、健康体重、健康骨骼

全民健康生活方式
行动："三减三健"

性安全篇

随着社会的发展，人们的性观念、性态度变得更为开放和活跃。大学生缺乏保护的婚前性行为日趋增多，未婚先孕现象及不安全流产比例不断上升，性传播疾病发病率提高，面临着与性有关的健康危险。大学生必须增强自我保护意识，重视性安全。

一、避免危险性行为

所谓危险性行为是指由于性行为不当或未做好安全措施从而可能引发性疾病的行为。例如：

- 拥有多个性伴侣；
- 在性活动过程中不能坚持持续采取保护措施；
- 在性活动前或性活动中饮酒；
- 服用药物的性行为；
- 经期性行为。

以上行为都要避免。

二、避孕法

适于短期内不想生育者。

（1）首选避孕套——避孕率最高（93%～95%），无不良反应且具有防止性传播疾病作用。

（2）短效口服避孕药：效果可靠，月经第 5 日起服用，连服22 日。

（3）紧急避孕药：复方左炔诺孕酮片——仅对一次无保护性生活有效，避孕有效率明显低于常规避孕方法，且激素剂量大，故不良反应大（可出现恶心、呕吐、不规则阴道流血及月经紊乱等副作用），不能替代常规避孕。

（4）安全期避孕：失败率高，并不十分可靠。

三、意外怀孕的应对

1. 三思而行

进行性行为前，男女双方均应认真思考是否做好了承担责任的准备，应当意识到：

珍爱生命：胚胎再小，也是生命。

珍惜健康：人工流产术不仅术中的操作和药物使用存在危险，而且术后的近远期都会出现一定比例的并发症，对生殖健康造成极大危害。多次流产易出现习惯性流产，甚至继发不育。

珍重未来：没有长远的打算，难有幸福的未来。

2. 如何发现怀孕

（1）发现停经、早孕反应（畏寒、头晕、乏力、嗜睡、食欲不振、喜食酸、恶心、厌油腻、晨起呕吐等）、乳房胀痛增大等表现；

（2）使用早孕试纸检查尿液为阳性即有"两条红线"（主要指标）；

（3）妊娠早期超声检查（金指标）发现胚囊、胚胎。

3. 关于终止妊娠

意外怀孕后是否终止妊娠，应当考虑周全、谨慎决策。

终止妊娠，应当到正规医疗机构进行

药物流产：适用于妊娠 49 天以内，应当在正规医疗机构的妇产科医生医嘱下使用。

手术流产：妊娠 14 周内可选择（可发生人工流产综合反应/人工流产综合征、子宫穿孔、吸宫不全、漏吸、术中出血、术后感染、羊水栓塞等并发症）

特别链接

艾滋病的预防

艾滋病病毒主要通过无保护的性交（肛门或阴道）、输入受污染的血液、共用受污染的注射器传播，还可在妊娠、分娩和哺乳期间在母亲及其婴儿之间传播。

预防艾滋病 请翻到本书 P146

139

常见传染性疾病防控篇

高校作为社会的重要组成部分，既与社会密切联系，又具有相对独立和学生流动性较强的特点，自身存在着常见疾病流行的相关因素。同时高校是青年大学生生活和学习的场所，人群比较集中，相互接触密切，疾病发病的传染率高。因此，加强高校学生常见疾病的防范，对保护大学生的身体健康，有着重要的意义。

一、流行性感冒

与普通感冒相比，流行性感冒流感起病更急，咳嗽流鼻涕等鼻咽部症状较轻而畏寒、发烧、头痛、头晕、身体无力等全身症状较重，可有高烧、全身酸痛等。

流行性感冒的传播途径，以呼吸道经空气飞沫传播为主。

【预防策略】

（1）戴口罩。上呼吸道感染流行时应戴口罩，阻断传播。

（2）流感期间不搞大型集会和集体活动，不到或少到公共场所活动。

（3）接种疫苗。流感暴发时，应及时接种相应疫苗。

温馨提示

如何正确佩戴口罩
（普通医用口罩及医用外科口罩)

第一步：洗净双手，检查口罩。

第二步：金属条侧朝上，深色面朝外。

第三步：上下拉开，盖住口、鼻、下颌。

第四步：指尖沿鼻梁金属条，由中间至两边，慢慢向内按压，直至紧贴鼻梁。

第五步：适当调整，使口罩周边充分贴合面部。

【应对策略】

（1）注意休息，多饮水，增加营养，吃易消化的食物。

（2）多去户外晒太阳、散步，呼吸新鲜空气。

（3）咽喉肿痛时可用盐水漱口。

（4）感冒严重或者出现高烧情况，马上咨询校医或者去医院就诊。

（5）感冒后鼻涕纸和吐痰纸要包好，扔进加盖的垃圾桶，或直接扔进抽水马桶用水冲走。

二、新型冠状病毒肺炎

【新型冠状病毒感染可疑症状】

发热、咳嗽、咽痛、胸闷、呼吸困难、轻度纳差、乏力、精神稍差、恶心呕吐、腹泻、头痛、心慌、结膜炎、轻度四肢或腰背部肌肉酸痛等。

《新型冠状病毒
肺炎大众防护与
心理疏导》

【预防策略】

（1）**戴口罩**。校园内公共场所、人员密集的公共场合须戴口罩。出行须全程佩戴口罩。

☞ 参见本书 P142 "如何正确佩戴口罩"

（2）**勤洗手**。从公共场所返回、咳嗽手捂之后、餐前便后及时洗手。使用肥皂或洗手液按"七步洗手法"用流水洗手，揉搓时间不少于 20 秒。

（3）**多通风**。室内首选自然通风，每日至少早、中、晚打开门窗通风 3 次，每次至少 30 分钟。

（4）**减少公共活动**。减少到人员密集的公共场所活动，尤其是空气流动性差的地方。

（5）**保持社交距离**。避免肢体接触和近距离面对面交流。

（6）**增强免疫力**。注意营养，保证休息，适度锻炼。

（7）**不碰野生动物**。不接触、购买、食用野生动物。

【就医指引】

（1）出现/发现可疑症状，立即向辅导员或二级单位领导报告。

（2）戴好口罩，在校医院指导和协助下到定点医疗机构就诊。

（3）如实报告流行地区的旅行居住史及接触史。

（4）认真执行隔离政策，接受治疗。

特别链接

七步洗手法
（谐音：内外夹攻大力丸）

（1）**内**　洗手掌——流水湿润双手，涂抹洗手液（或肥皂），掌心相对，手指并拢相互揉搓；

（2）**外**　洗背侧指缝——手心对手背沿指缝相互揉搓，双手交换进行；

（3）**夹**　洗掌侧指缝——掌心相对，双手交叉沿指缝相互揉搓；

科学洗手

（4）**弓**　洗指背——弯曲各手指关节，半握拳把指背放在另一手掌心旋转揉搓，双手交换进行；

（5）**大**　洗拇指——一手握另一手大拇指旋转揉搓，双手交换进行；

（6）**立**　洗指尖——弯曲各手指关节，把指尖合拢在另一手掌心旋转揉搓，双手交换进行；

（7）**腕**　洗手腕——揉搓手腕、手臂，双手交换进行。

三、结核病

结核病是由结核杆菌侵入人体引起的一种具有较强传染性的慢性消耗性疾病。每个器官和系统都可患病,其中肺结核最为常见,占所有脏器结核的80%以上;肺结核主要通过呼吸道传播,人人都有可能被传染。

【预防策略】

肺结核的预防,必须从控制传染源、切断传播途径和增强肌体抵抗力从而降低易感性三个环节采取综合措施。

(1)定期体检,进行胸部X线检查,早期发现病人,进行彻底治疗和全程管理,对开放性肺结核隔离治疗,是预防肺结核的最主要的措施。结核病检查项目是新生入学体检的必查项目。

(2)养成良好的公共卫生习惯,不随地吐痰,咳嗽、打喷嚏时要捂住口鼻。

(3)房间经常开窗,保持通风、清洁。

(4)注意个人卫生,勤晒被褥,分餐而食。

(5)与患者有过密切接触,反复咳嗽或上呼吸道症状持续2周以上,或原因不明的乏力、疲惫、精神不振、食欲减退,应

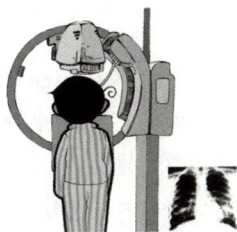

主动向学校汇报并及时就医。

（6）保证充足睡眠，合理膳食，积极参加体育活动，增强抵抗力。

为保证同学们的身体健康，学校必须对确诊患者的密切接触者进行筛查。

温馨提示

目前国家指定的肺结核防治机构是各级疾控中心。那里的查痰、拍片都是免费的，如果确诊是结核病会给患者提供免费的抗结核药物。普通医院不提供该项免费服务。

四、艾滋病

艾滋病毒主要通过无保护的性交（肛门或阴道）、输入受污染的血液、共用受污染的注射器传播，还可在妊娠、分娩和哺乳期间在母亲及其婴儿之间传播。

【预防措施】

（1）不共用注射器；

（2）不使用来路不明的血制品；

（3）性行为安全；

（4）不使用未严格消毒的牙科器具；

（5）不与人共用剃须刀、牙刷等。

146

艾滋病毒/艾滋病
相关问答

温馨提示

不"恐艾" 只要没有体液和血液接触，与艾滋病患者进行正常社交，不会有传染风险。

及时检测 若对自己一时冲动的结果忧心忡忡，可以到就近的监测机构进行免费检测。

岳麓区检测点：岳麓区疾控中心
电话：0731-88940736
地址：长沙市岳麓区咸嘉湖路 1076 号

特别链接

中国疾病控制中心
性 病 中 心

艾滋病自愿咨询检测（voluntary counseling & testing，VCT）是指人们通过咨询，在充分知情和完全保密的情况下，自愿选择是否接受艾滋病病毒抗体检测、改变危险行为及获得相关服务的过程。这一决定必须完全是求询者自己的选择，并且这一过程是完全保密的。自愿咨询包括检测前咨询、检测后咨询、预防性咨询、支持性咨询和特殊需求咨询等。通过自愿咨询和检测，不仅可以尽早发现、及时治疗和预防感染，为受检者特别是感染者提供心理支持，而且可以促使受检者减少危险行为，预防艾滋病病毒的传播。

五、流行性出血性结膜炎(红眼病)

【预防策略】

(1)预防红眼病,外出时应携带消毒纸巾,不用他人的毛巾擦手、擦脸;外出后回家、回单位时,应使用流动的水洗手、洗脸。

(2)尽量不要去卫生状况不好的美容美发店、游泳池。

(3)不要用手揉眼睛。

【应对策略】

(1)患上红眼病应及时到医院治疗。病人所有生活用具应单独使用,最好能洗净晒干后再用。病人使用的毛巾,要用蒸煮 15 分钟的方法进行消毒。

(2)病人应少看电视,防止引起眼睛疲劳而加重病情。

(3)红眼病患者要注意将生活用品、办公用品与他人分开使用。

六、病毒性肝炎

【预防策略】

(1)**不喝生水**。不喝生水,饮水消毒。粪便污染水源是戊型肝炎暴发流行的主要传播方式。

(2)**个人卫生**。注意个人卫生，不共用剃须刀和牙具等用品。

(3)**食物安全**。生熟食物要分开放置和储存，避免交叉污染；生吃瓜果蔬菜须洗净；食用水产品如毛蚶、牡蛎、螃蟹等须加工至熟透。

(4)**用具消毒**。大力推广安全注射(包括针刺的针具)，对牙科器械、内镜等医疗器具应严格消毒；服务行业中的理发、刮脸、修脚、穿刺和文身等用具也应严格消毒。

(5)**接种疫苗**。及时接种疫苗，是预防病毒性肝炎尤其是乙型肝炎最为直接有效的方法。

【**应对策略**】

(1)**隔离治疗**。急性肝炎早期患者应住院或就地隔离治疗，同时注意休息。

(2)**及时消毒**。肝炎患者用过的餐具等生活物品要消毒，餐具应在沸水中煮15分钟以上；若与肝炎患者共用一个厕所，要及时用消毒液或漂白粉进行消毒。

(3)**饮食清淡**。患急性肝炎后食欲不振者，应食易消化的清淡食物。

(4)**休息充足**，避免饮酒和过度劳累。

七、禽流感

【预防策略】

勤洗手——在准备食物期间和前后、餐前、便后、处理动物或动物排泄物后、手脏时、照顾家中病人时都要用肥皂和流水洗手或者使用酒精洁手液洗手。

遮挡口鼻——戴口罩。在咳嗽或打喷嚏时，用医用口罩、纸巾或者弯曲肘部来遮住口鼻，用过的纸巾应立刻扔入有盖垃圾桶，接触呼吸道分泌物后应立即用肥皂和流水洗手或者使用酒精洁手液洗手。

管住嘴——注意食品卫生安全。不吃不洁的、未煮熟的禽肉。

⚠ 注意：一旦出现发热、咳嗽等急性呼吸道感染症状，尤其是出现高热、呼吸困难，应及时就医。

特别链接

H7N9 型禽流感是一种新型禽流感，是甲型流感中的一种。人感染 H7N9 禽流感潜伏期一般为 7 天以内。患者一般表现为流感样症状，如发热，咳嗽，少痰，可伴有头痛、肌肉酸痛和全身不适。重症患者病情发展迅速，表现为重症肺炎，体温大多持续在 39℃ 以上，出现呼吸困难，可伴有咳血痰；可快速进展出现急性呼吸窘迫综合征、纵隔气肿、脓毒症、休克、意识障碍及急性肾损伤等。

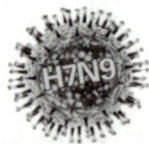

150

八、传染性非典型肺炎(SARS)

【应对策略】

（1）公共场所和学校等应首选自然通风，尽可能打开门窗通风换气。

（2）对地面、墙壁、电梯等表面定期消毒。必要时对厕所、垃圾、下水道口、自来水龙头、水缸消毒。

（3）新生入学时必须进行体格检查，在校学生应定期进行健康检查，以便早发现病人，早期处理。

（4）对高热、腹泻、呕吐等疑似传染病的病人，应及早诊治。对确诊或疑似的急性传染病病人，应迅速隔离治疗，并尽早向卫生防疫部门报告。

（5）曾与急性传染病病人有密切接触者要接受卫生部门的检疫和医学观察。

（6）对患传染病的学生，应根据病情及对健康人群的影响，及时进行隔离治疗或休学回家休养，以免在校园内传播流行。

温馨提示

　　日常预防，要做好"四勤三好"：勤洗手、勤洗脸、勤饮水、勤通风；口罩戴得好、心态调整好、身体锻炼好。

突发事件应对篇

突发事件是指难以预见、难以避免的事件，主要包括恐怖袭击、部分突然发生的自然灾害。虽然这些事件的发生在我们的意料之外，但是事件发生时保持冷静，采取适当的躲避方法，还是可以最大限度保全我们的生命，减少不必要的损失。

一、恐怖袭击的应对

常见恐怖袭击手段有常规手段和非常规手段两大类。

常规手段：

（1）爆炸。炸弹爆炸、汽车炸弹爆炸、自杀性人体炸弹爆炸等。

（2）枪击。

（3）劫持。劫持人，劫持车、船、飞机等。

（4）纵火。

非常规手段：

(1)核与辐射恐怖袭击。通过核爆炸或放射性物质的散布，造成环境污染或使人员受到辐射照射。

(2)生物恐怖袭击。利用有害生物或有害生物产品侵害人、农作物、家畜等。如发生在美国9·11事件以后的炭疽邮件事件。

(3)化学恐怖袭击。利用有毒、有害化学物质侵害人、城市重要基础设施、食品与饮用水等。如东京地铁沙林毒气袭击事件。

(4)网络恐怖袭击活动。利用网络散布恐怖信息、组织恐怖活动、攻击电脑程序和信息系统等。

(一)炸弹袭击

1. 远离危险

注意远离炸弹袭击的爆炸源(实施者)和实施地点。

可能的爆炸源——以下"人物"危险：

(1)身着很大、很肥外套并且行为异常的人；

(2)手长时间缩在袖子里或放在兜里并且东张西望的人；

(3)过于主动"混进"人群反复出入的人；

(4)主动避开警察监控的人。

公共场所可能放置爆炸物的地方：

(1)标志性建筑物或其他附近的建筑物内外；

(2)重大活动场所，如大型运动会、检阅、演出、朝拜、展览等场所；

(3)人口相对聚集的场所，如体育场馆、影剧院、宾馆、运动员村、商场、超市、车站、机场、码头、学校等；

（4）行李、包裹、食品、手提包及各种日用品之中；

（5）宾馆、饭店、洗浴中心、歌舞厅及易于隐蔽且闲杂人员容易进出的地点；

（6）各种交通工具上；

（7）易于接近且能够实现其爆炸目的的地点。

2. 镇定自救

爆炸发生后，一定要保持镇定，做好以下四件事：

（1）**趴下**。千万不要惊慌乱跑，否则容易成为袭击者的目标。

（2）**寻找掩体**。合适的掩体可很大程度降低爆炸所带来的伤害，防止吸入过多有毒烟雾。

（3）**观察**。观察有无二次爆炸以及二次伤害。

（4）**保命**。不要因贪恋财物浪费逃生时间。

温馨提示

身上着火不要奔跑，就地打滚或用厚重衣物压灭。

（二）纵火袭击

七忌：

（1）忌惊慌失措。

（2）忌盲目呼喊。

（3）忌贪恋财物。

(4)忌乱开门窗。

(5)忌乘坐电梯。

(6)忌随意奔跑。

(7)忌轻易跳楼。 ☞ 请翻阅本书 P7 消防安全篇

(三)枪战

【应对策略】

(1)立即趴下。

(2)快速掩蔽。快速降低身体姿势,利用一切可利用的物体作为掩体。

(3)不要尝试与子弹赛跑。

挡子弹:墙体、立柱、大树干,汽车前部发动机及轮胎等。

不挡子弹:木门、玻璃门、垃圾桶、灌木丛、花篮、柜台、场馆内座椅、汽车门及尾部等。

(四)被劫持

【应对策略】

(1)保持冷静,不要反抗,相信政府。

(2)不对视、不对话,趴在地上,动作要缓慢。

(3)尽可能保留和隐藏自己的通信工具,及时把手机改为静音,适时用短信等方式向警方(110)求救。

短信主要内容:自己所在位置,人质人数,恐怖分子人数等。

(4)注意观察恐怖分子人数、头领,便于事后提供证言。

(5)在警方发起突击的瞬间,尽可能趴在地上,在警方掩

护下脱离现场。

（五）化学武器袭击

出现以下情况可能是遇到了化学武器袭击：

（1）**异常气味**。如类似大蒜味、辛辣味、苦杏仁味等。

（2）**异常现象**。如空气中气体为绿色、大量昆虫死亡、异常的烟雾、植物的异常变化等。

（3）**异常感觉**。一般情况下当人受到化学毒剂或化学毒物的侵害后，会出现不同程度的不适感觉，如恶心、胸闷、惊厥、皮疹等。

（4）**现场出现异常物品**。如遗弃的防毒面具，桶、罐，装有液体的塑料袋等。

【 **应对策略** 】

尽快掩蔽。利用环境设施和随身携带的物品遮掩身体和口鼻，避免或减少毒物的侵袭和吸入。

尽快寻找出口，尽量逆风撤离。尽可能迅速有序地逆风离开污染源或污染区域。

（六）冷兵器袭击

（1）判断情况，及时撤离。看到有人手持刀斧砍杀时，不要停留观看，先判定自己是否面临危险。如有危险，务必做好自我防护，迅速离开危险区。

（2）无法撤离时尽力躲避。可利用身边的建筑物、车辆、围栏、柜台、桌椅等物体进行阻挡、躲避砍杀，与暴徒拉开距离，并尽快报警。

（3）无法撤离或躲避时，联合周围人奋力反抗。可利用随身携带的物品（手提包、衣服、雨伞等）和随手能够拿到的物件（木棍、拖把、椅子、砖块、灭火器等）奋力反抗。

（4）到达安全区域后，及时检查自己是否受伤。

我们可以——

不传播恐怖分子的极端政治主张

不强调恐怖分子的民族宗教背景

不夸大恐怖分子的血腥残忍手段

不渲染受害者的悲惨境遇

不让潜在的恶人举杯振奋

不让善良的人们彼此敌视

我们继续热爱生活，追求美好！

对于这个世界——

和平才是最为宝贵的！

（七）网络恐怖袭击

近年来，网络恐怖袭击频发。为避免遭受袭击，须注意以下几点：

（1）安全上网，不浏览不正规、不健康、不文明的网站；

（2）定期查杀病毒，确保电脑运行环境安全；

（3）注意保护隐私，不泄露个人信息；

（4）谨慎处理网络财务事项，不在非正规平台登录个人财务账号。

二、部分自然灾害的应对

自然灾害是自然界发生的某些突发性强、波及面广、破坏性大的异常自然活动。大学生可能被波及的自然灾害主要有：台风、雷雨、龙卷风、洪涝、地震、滑坡、泥石流等。

(一)雷电袭击

每当强对流天气发生，天空会出现令人惊艳的闪电，这时在户外停留，很可能遭到雷电的袭击。可有的同学不仅冲出户外观看，甚至爬上房顶，拍摄这绚丽的一刻。

亲爱的同学，当雷电发生时，请——

◎远离建筑物的避雷针及其接地引线。

◎远离各种天线、电线杆、高塔、烟囱、旗杆、孤立的树木、铁围栏、铁丝网、金属晒衣绳和没有防雷装置的孤立建筑物。

◎关好门窗，防止球形雷窜入室内造成危害。

◎停止使用电器，拔掉电源插头。

◎不要打电话和手机。

◎不要靠近室内金属设备或潮湿的墙壁。

◎不要在户外骑自行车。

◎外出时应穿塑料材质等不浸水的雨衣，不要用金属杆的雨伞，不要把铁锹、锄头扛在肩上。

拔掉插头

温馨提示

人在遭受雷击前，会突然有头发竖起或皮肤颤动的感觉。这时应立刻躺倒在地，或选择低洼处蹲下，双脚并拢，双臂抱膝，头部下俯，尽量降低自身位势、缩小暴露面。

（二）洪水及山洪暴发

现在的天气预报准确率较高，在洪水易发的季节，要多关注天气情况，尽早离开洪水泛滥的地区，更不要出于好奇去看洪水。

洪水来势凶猛，泥沙俱下，破坏性大；洪水逐渐退去的过程中，易发生溃堤、浸泡后的房屋倒塌等灾害。

【应对策略】

（1）如果时间充裕，应按照预定路线，有组织地向山坡、高地等处转移；在措手不及、已经受到洪水包围的情况下，要尽可能利用船只、木排、门板、木床等，做水上转移。

（2）洪水来得太快，已经来不及转移时，要立即爬上屋顶、楼房高屋、大树、高墙，做暂时避险，等待援救。不要独自游水转移。

（3）在山区，如果连降大雨，容易暴发山洪。遇到这种情况，应该避免渡河，以防止被山洪冲走，还要注意防止山体滑坡、滚石、泥石流的伤害。

（4）发现高压线铁塔倾倒、电线低垂或断折，要远离避险，不可触摸或接近，防止触电。

（5）洪水过后，要服用预防流行病的药物，做好卫生防疫工作，避免发生传染病。

（三）地震灾害

【地震时的10条须知】

（1）躲在桌子等坚固家具的下面；
（2）摇晃时立即关火，失火时立即灭火；
（3）不要慌张地向户外跑；
（4）将门打开，确保出口；
（5）户外的场合，要保护好头部，避开危险之处；
（6）在商场、剧场等公共场所时依工作人员的指示行动；
（7）汽车靠路边停车，管制区域禁止行驶；
（8）务必注意山崩、断崖落石或海啸；
（9）避难时要徒步，携带物品应在最少限度；
（10）不要听信谣言，不要轻举妄动。

【应对策略】

在平房里——迅速钻到床下、桌下，同时用被褥、枕头、脸盆等物护住头部，等地震间隙再尽快离开住房，转移到安全的地方。地震时如果房屋倒塌，应待在床下或桌下，千万不要移动，要等到地震停止再走到室外或等待救援。

在楼房中——不要试图跑出楼外，因为时间来不及。最安全、最有效的办法是，及时躲到两个承重墙之间最小的房间，如厕所、厨房等；也可以躲在桌、柜等家具下面以及房间内侧的墙角，并且注意保护好头部。千万不要去阳台和窗下躲避。

正在上课——不要惊慌失措，更不能在教室内乱跑或争抢外出。靠近门的同学可以迅速跑到门外；中间及后排的同学可以尽快躲到课桌下，用书包护住头部；靠墙的同学要紧靠墙根，双手护住头部。

(四)山体滑坡

【应对策略】

遭遇山体滑坡时，首先要沉着冷静，不要慌乱；然后采取必要措施迅速撤离到安全地点。

(1)迅速撤离到安全的避难场地。

避难场地：易滑坡两侧边界外围。

逃离方向：垂直于滚石前进的方向。

在确保安全的情况下，离原住所越远越好，交通、水、电越方便越好。

(2)跑不出去时应躲在坚固的障碍物下。

遇到山体崩滑，无法继续逃离时，应迅速抱住身边的树木等固定物体。可躲避在结实的障碍物下，或蹲在地坎、地沟里。

(3)保护好头部。可利用身边的衣物裹住头部。

(4)立刻将灾害发生的情况报告相关政府部门或单位。

(5)滑坡停止，确认好、安全后，方可进入相关场所。

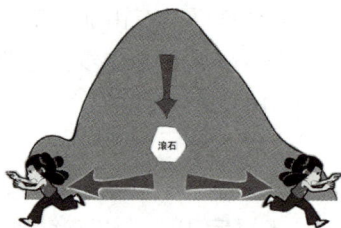

(五)泥石流

有以下情况发生，可确认上游已形成泥石流：

（1）河（沟）床中正常流水突然断流或洪水突然增大并夹有较多的柴草、树木；

（2）仔细倾听，能听到从深谷或沟内传来的哪怕极微弱的类似火车轰鸣声或闷雷式的声音；

（3）沟谷深处变得昏暗并伴有轰鸣声或轻微的振动感。

【应对策略】

（1）尽量不到易发生地质灾害的地方去。

（2）长时间降雨或暴雨渐小后或刚停，不应马上进入泥石流易发区。

（3）不可存在侥幸心理。当白天降雨量较多后，晚上或夜间必须密切注意降雨，最好提前转移，不能存在侥幸心理在室内就寝。

（4）密切注视泥石流的发生发展，减少、避免次生灾害发生。

【正确的逃离方法】

逃离方向：应向两侧山坡上跑，远离沟道、河谷地带以及土质松软、土体不稳定的斜坡。

逃离方向

可停留的地方：基底稳固又较为平缓的地方。

（六）冰雪霜冻灾害

【**应对策略**】

（1）带足防寒的衣物并保持衣物干燥。

（2）不要裸手接触金属物体。

（3）常搓揉面部皮肤，伸展筋骨活动手足。

（4）多吃些高热量的食物和多喝热饮。

温馨提示

冻伤后如何处置

可多次用温水（38℃～42℃）浸泡，每次不超过 20 分钟，再用毛巾或柔软干布进行局部按摩。用生姜涂擦局部也有治疗作用。若患处破溃感染，应及时去医院就诊。

特别链接

冰冻雨雪天气如何安全出行

（1）穿着保暖衣物和防滑鞋靴；

（2）尽量不骑自行车和电动车；

（3）步行尽量踩在厚厚的积雪上，避开结冰地面和积水，走路尽量抬起脚，扎实踩下去；

（4）远离树木及高处建筑，谨防因坍塌被砸伤；

（5）注意低洼、井盖等地面"陷阱"。

不法侵害应对篇

校园周边环境复杂，人员混杂，由社会闲散人员引起的打架斗殴和抢劫等不法侵害事件时有发生，我们必须引起重视。

一、滋扰

从广义的角度讲，滋扰是指外部人员无视国家法律和社会公德而寻衅滋事、结伙斗殴、扰乱社会秩序等行为。从狭义的角度讲，滋扰主要是指对校园秩序的破坏扰乱，对大学生进行无端挑衅、侵犯乃至伤害的行为。

（一）打架斗殴

打架斗殴是一种典型的故意伤害行为，一旦构成故意伤害罪，将被追究刑事责任。

粗鲁的人才会打架斗殴；

　　不能凭智商只能拼体力的人才会选择打架斗殴解决问题。

【预防策略】

（1）不惹事。不怕事，但是不要惹事；少跟好惹事的人在一起。

对人宽容一点反而能赢得尊严。

（2）不意气用事。

（3）小事忍让，大事慎重处理。

小事，学会忍让。退一步海阔天空，给自己一次学习控制情绪、控制局面的机会。

大事，不跟不讲理的人争辩。走正常程序，找能讲理的地方讲理，一定能最大限度保护自己的权益，妥善解决问题。

冲动是魔鬼。

（4）不跟寻衅滋事的人一般见识。这些人要么是想通过寻衅滋事达到自己不正当的目的；要么是遇到了不顺心的事，想以此泄愤或引起关注。如果你回应了他，你就上当了！

"对不起"是一种真诚，"没关系"是一种风度。

　　如果你付出了真诚却得不到风度，那只能说明对方的无知与粗俗。

（1）不围观、不好奇。

（2）不火上浇油、幸灾乐祸，尤其不要起哄使事态扩大，否则将被追究责任。

（3）见机行事：事态不严重，好言劝解；事态严重，及时报警。

（二）骚扰

学校不是完全封闭的空间，难免有些游手好闲之徒在校园生事滋扰。如专门尾随、纠缠女生，与学生争抢活动场地，把校园当公园大声喧哗、吵吵闹闹等。

（1）做个有修养的人，自己不要先动怒。

（2）好言相劝，但不必过于据理力争而导致事态扩大，更不要动手。

（3）劝阻不了时，及时向学校及有关部门报告或及时报警（但不要当着闹事者的面），请其出面解决。

（4）保持冷静，不回应对方任何形式的挑衅。

（5）留心观察、掌握证据。一旦事态失控，要注意保留证据。比如有哪些人在场，谁先动手，持何凶器，滋事者有哪些重要特征，案件大致的经过是怎样的，现场状况如何，毁坏的衣物和设施是什么，地面留有什么痕迹等。这些证据，对查处寻衅滋事者很有帮助。

二、抢劫

【 **应对策略** 】

（1）**理性判断，冷静应对**。遭遇抢劫时理性判断至关重要。若具备反抗有利时机和能力，可利用有利地形和身边足够充当自卫武器的砖头、木棒等与作案人僵持，使作案人短时间内无法近身，以便引来援助者并对作案人造成心理上的压力。

（2）**朝安全的地方跑**。无法与作案人抗衡时，可看准时机向有人、有灯光处奔跑。

（3）**舍财保命**。当自己处于作案人的控制之下而无法反抗时，可按作案人的要求交出部分财物，并适时对作案人进行说服教育、晓以利害，从而造成作案人心理上的恐慌，切不可一味求饶。

（4）**记下特征**。注意观察作案人的身体特征，在作案人得逞后注意其逃跑去向等。

（5）**及时报案**。作案人得逞以后，很有可能继续寻找下一个抢劫目标。能及时报案和准确描述作案人特征，有利于公安部门及时组织力量布控、抓获作案人。

☞ 请翻阅本书 P43 财产安全篇

结伴而行，不走偏僻小道；
注意财产安全，不露财；
万不得已，舍财保命；
记下特征，及时报案。

三、偷拍

中华人民共和国治安管理处罚法规定，偷窥偷拍他人隐私，是侵犯人身、财产权利的行为，必须受到惩罚。

【预防措施】

（1）卫生间、卧室：悬挂窗帘，阻挡外部视线。

（2）乘坐公共交通工具：如有座，可以将随身携带的物品（包）放在自己腿上；如无座，尽量避开人群拥挤的地方。

（3）上下楼梯：着裙装上下楼梯时，靠近内侧行走。

（4）商场试衣间：在试穿衣服时，须留意试衣间里的挂钩、镜子等物品是否有异常；如果是未封闭的试衣间，还须留意脚下或者头顶是否正常。

（5）公共厕所：使用公共厕所时须特别注意垃圾桶、抽水马桶内或下方有无可疑物品。

（6）弯腰、拾物：着裙装弯腰、捡拾物品时采取下蹲姿势。

（7）使用电脑/手机上网：注意电脑/手机摄像头是否已遮挡或关闭。

四、跟踪

【预防策略】

（1）不要独自去偏僻的地方。

（2）晚上尤其是深夜尽量不要独自外出。

（3）不要在社交平台泄露自己的位置信息。

【应对策略】

（1）保持冷静。当发现自己被人跟踪时，要保持冷静，可寻找一些木棒、砖头等作为防卫武器。

（2）抓紧向安全地带转移。抓紧向人多的、灯亮的、有监控的安全地带转移，或者寻求他人的帮助。

（3）记下特征并报警。记下跟踪人的特征，并及时报警。

五、拐卖

中华人民共和国刑法第二百四十条专门就拐卖妇女、儿童罪做出了量刑处罚规定。处五年以上十年以下有期徒刑，并处罚金；重者，处十年以上有期徒刑或者无期徒刑，并处罚金或者没收财产；情节特别严重的，处死刑，并处没收财产。

【预防策略】

（1）不跟陌生人去偏僻的地方。

（2）不吃陌生人递过来的东西。

（3）不参加一些非正规渠道发布信息的活动。

（4）不独自去偏僻的地方旅游。

意外伤害应对篇

高校是大学生学习与成长的家园，也是大学生们意外伤害的多发地之一，像校园内的铁栅栏、水泥地面、篮球架等都可能成为"杀手"，威胁着他们的身心健康甚至生命。因此，分析意外事件，总结相应的应对措施，是减少意外事件的发生及其造成的损害、维持学校正常教学秩序的重要环节。

一、烧(烫)伤

受伤面积不超过9%的为轻度烧(烫)伤，10%以上的为中重度烧(烫)伤(儿童5%以上)，严重时可能危及伤者生命。

1. 应急要点

(1)脱离热源。应迅速脱离热源现场，立即脱去燃烧、灼烫的衣服。无法脱去时，应用冷水浇灭或用棉被捂灭。若衣服粘在皮肤上，不要强行撕脱，可用剪刀剪开。

(2)**冷却伤处**。非化学品造成的烧(烫)伤，烧(烫)伤部位紧急用冷水浸泡或冲洗 30 分钟，可防止烧(烫)伤面积扩大和损伤加重。

(3)**吸附冲洗**。若被化学品烧伤，先用消毒纱布、棉签或干净的毛巾等吸附，清除残留后，再用流动冷水冲洗 30 分钟。注意不要沾染其他部位。

(4)**慎涂药膏**。冷却处理后，轻度烧伤可在局部涂烧伤膏等，但不能涂抹酱油、食用油或其他性质不明的药膏，以免感染。中重度烧伤，不可刺穿水疱，不要涂任何油剂、药物。

(5)**包扎伤口**。就医前，可在伤创面上覆盖消毒纱布后再包扎，以防伤口感染。

(6)**及时就医**。

温馨提示

电灼热伤可引起局部大块软组织水肿和远端肢体缺血性坏死，现场急救可按烧(烫)伤处理。

2. 烧(烫)伤自救、互救的注意事项

(1)衣服着火时千万不要站立或奔跑呼叫，以防增加头面部烧伤或引起吸入性损伤。

(2)在通气不良的火灾现场不要大声喊叫或深呼吸，要用浸湿的毛巾捂住口鼻，迅速离开现场，以免发生吸入性损伤和窒息。

（3）人身体触电烧伤时应立即切断电源，在未切断电源以前，急救者千万不要赤手接触伤员，以免自身触电。

（4）被液体烫伤后，立即剪去被浸湿的衣服。如某处衣服与皮肉粘在一起，不要强行撕扯，应先剪去未粘连部分，暂留粘连部分。注意剪刀不要碰到伤口、水疱，不要涂紫药水、红药水等药物，以免影响医生对创面的观察。

（5）手足烧伤的，包扎时应将各指（趾）分开，以防粘连。

（6）伤员缺水时可多次少量口服淡盐水、盐茶水，或喝烧伤饮料。大面积烧伤（超40%）有呕吐者，在24小时内禁食，口渴时可用少量水湿润口腔。

3. 化学烧伤紧急处理方法

（1）立即用大量清水冲洗创面；

（2）不乱施救，针对具体情况有针对性地施救。

——强碱烧伤用大量清水或1%～2%醋酸冲洗创面。

——生石灰烧伤要先去净石灰粉粒后，再用大量清水冲洗，如果将沾有大量石灰粉的伤部直接泡在水中，石灰遇水会生热而加重伤势。

——磷烧伤最好浸泡在流水中冲洗，除去磷颗粒，创面用湿纱布包扎或暴露创面，忌用油质敷料或药膏。

二、切割伤

一旦皮肤损伤，细菌等微生物会进入人体，引起感染。所以，对切割伤早期的正确处理非常重要。

处理要点如下：

(1)**止血**。若伤口出血，应立即诊断，及时止血。

(2)**清创**。创伤较小，应挤出伤口内少量血液，不要触摸伤口。伤口污染较重，应用纱布拭去污染物，伤口内异物不要轻易取出。

(3)**消毒**。伤口较小者，应用 75% 的酒精擦拭伤口周围消毒。

(4)**冲洗**。伤口污染严重者，应用 0.9%浓度生理盐水冲洗伤口，但不要用一般水冲洗，也不要用消毒剂，不要乱上药。

(5)**包扎**。用无菌或干净纱布、手绢、毛巾、绷带等包扎伤口，注意包扎方法，应使伤口闭合、止血。

(6)**制动**。伤口较大、较深可能损伤深部神经、血管、肌腱等器官时，应注意控制肢体活动。

(7)**就医**。除较小、较浅的切割伤，其他均须在 6~8 小时内就医，以避免感染。若是生锈铁器或沾染泥灰的利器造成的切割伤，应由医生决定是否注射破伤风针。

三、猫、狗咬(抓)伤

家养宠物日益普遍，常有人被猫、狗等动物咬伤、抓伤。要警惕由此导致的狂犬病、猫抓热等疾病。

狂犬病是我国法定乙类传染病。狗是狂犬病的主要传染源，其他感染该病的温血动物如猫、狼、鼠、猪、蝙蝠、狐狸等也可传播。

我错了……

1. 猫抓伤

被猫抓伤后引起的疾病称作猫抓病或猫抓热，潜伏期 30 天左右，主要表现为伤口难以愈合、肉芽肿以及轻度全身症状：头痛低热、全身不适、局部或接近伤口的向心性淋巴结显著肿大等。

【应急措施】

（1）清洗消毒。被猫抓伤后，应尽快清洗消毒损伤皮肤。具体方法：用生理盐水反复冲洗伤口数次，再用 2% 碘酒消毒。

（2）口服药物。伤口较深、较大，应口服抗菌药物，如头孢菌素、红霉素等，以预防猫抓病。

（3）及时就医。抓伤后 1 个月左右若出现发热、伤口局部向心性部位出现淋巴结肿大等症状，应及时就医。

（4）注射疫苗。虽然是被猫抓伤，但其爪子可能与狗类有过接触，所以建议 24 小时内注射狂犬病疫苗。

2. 狗咬伤

【应急措施】

（1）少量出血者，应挤出脏血。对于流血不多的伤口，不要急着止血，要从近心端向伤口处挤压出血，以利排毒。

（2）应立即冲洗伤口。

①冲洗的时候尽可能把伤口扩大，并用力挤压周围软组织，设法把沾在伤口上面的狗的唾液和伤口上的血液冲洗干净。这样才能防止感染。

②洗后再用70%的酒精或50～70度的白酒涂擦伤口数次。

③用干净的纱布把伤口盖上，速去医院诊治。

（3）若伤口出血过多，应设法立即上止血带。

（4）注射狂犬病疫苗和破伤风抗毒素。

被疯狗咬伤后，即使是再小的伤口，也有感染狂犬病的可能。同时可感染破伤风，伤口易化脓。患者应向医生要求注射狂犬病疫苗和破伤风抗毒素预防针，咬伤严重者要注射抗狂犬病毒血清。

四、毒蛇咬伤

毒蛇一般头大颈细，头呈三角形，尾短而突然变细，体表花纹比较鲜艳。

无毒蛇一般头呈钝圆形，颈不细，尾部细长，体表花纹多不明显。

毒蛇与无毒蛇最根本的区别是：毒蛇的牙痕为单排，无毒蛇的牙痕为双排。

（1）保持镇静，切勿惊慌、奔跑，以免加速毒液吸收和扩散。

（2）绑扎伤肢。立即用止血带或橡胶带，随身所带绳、带等在肢体被咬伤的上方扎紧，每15～30分钟放松1～2分钟，避免肢体缺血坏死。

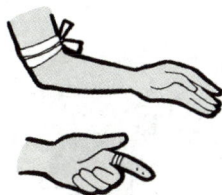

（3）冲洗伤口，扩创排毒。尽快用大量清水冲洗伤口，洗去皮肤表面的毒液。扎紧伤肢后，可用手指直接在咬伤处挤出毒液，在紧急情况下可用嘴吸吮（口腔应无破损或龋齿，以免吸吮者中毒），边吸边吐，再以清水、盐水或酒漱口。吸毒至少0.5～1小时，重症或肿胀未消退前，作十字形切开后再吸吮，之后可将患肢浸在2%冷盐水中，自上而下用手指不断挤压20～30分钟。

（4）经上述急救后，应尽快送医院救治。

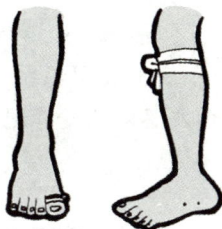

特别链接

如何避免蛇咬

（1）打草惊蛇，把蛇赶走。

（2）不要随便在草丛和蛇可能栖息的场所坐卧，更不要将手伸入鼠洞和树洞内。

进入山区、树林、草丛地带应穿好鞋袜，扎紧裤腿。

（3）遇见毒蛇，应远道绕过；若被蛇追逐，应向上坡跑，或忽左忽右地转弯跑，切勿直跑或直向下坡跑。

五、被困电梯

被困电梯时，切忌强行扒开电梯门。可采取以下方法自救：

（1）快速按下紧急呼叫键。拨打报警电话求援，等待救援。

（2）保持镇静，大声呼救。

（3）间歇性地拍打电梯门，或用坚硬的鞋底敲打电梯门，引起过往行人的注意。

（4）若遇电梯急坠，**请将背部紧靠电梯壁**，半蹲并提起脚后跟。

六、溺水

一旦发生溺水事故，救起溺水者后，应立即采取以下措施施救：

（1）**恢复呼吸道通畅**。将溺水者救出水面后，应立即清除其口、鼻腔内的泥水及污物，用纱布或其他纺织物裹着手指将伤员舌头拉出口外，解开其衣扣、领口，以保持呼吸道通畅。

(2)检查有无呼吸、心跳。

有——直接到(3)。

无——立即进行心肺复苏。

☞　请翻到本书 P189 了解心肺复苏的方法

(3)呼吸心跳恢复后，应迅速送医院进一步观察治疗。

(4)注意给溺水者保暖。如果溺水者清醒了，可让其饮用一些热的饮料。

七、晕厥

劳累、中暑、饥饿等，可令人突然昏倒，不省人事。此时用拇指捏压患者的合谷穴(虎口中)持续几分钟，可望苏醒。

八、鼻出血

偶然发生鼻出血，可迅速掐捏足跟(踝关节与跟骨之间凹陷处)，左鼻孔出血掐捏右足跟，右鼻孔出血掐捏左足跟，便可止血。

九、抽筋

腿或脚部抽筋时，可立即用拇指和示指捏住上嘴唇的人中穴，持续用力捏几十秒钟后，抽筋的肌肉就可松弛，疼痛也随之缓解。

十、关节扭伤

【应急处理】

（1）**停止活动**：立即停止运动，原地休息或转移至安全地点休息。

（2）**抬高伤肢**：将伤肢抬高或垫高到高于心脏水平，以减少出血肿胀。

（3）**冷敷止血**：用冰袋或冷毛巾对受伤处进行冷敷（或放凉水下冲淋降温），每小时敷 15 分钟，减少出血肿胀和镇痛。

（4）**包扎防肿**：对受伤处进行适当加压包扎，缓解出血肿胀。

⚠️ **注意**：脚踝扭伤后，千万不能在 24 小时内热敷、揉搓、擦药。24~48 小时后，出血停止，才可以热敷和擦药，促使扭伤处周围的淤血消散。

特别链接

如何避免运动扭伤

（1）运动前：循序渐进地做好热身活动。

（2）运动中：做好防护，如使用运动护具，学会运动中的保护性动作，掌握适宜的运动"度"和"量"。

十一、擦伤

擦伤处理时需注意清洁消毒，以免感染。

（1）若擦伤面积不大且没有异物，应立即用生理盐水冲洗消毒，再抹上药水。注意：不要暴露治疗，否则会引起干裂。

（2）若擦伤处有异物，如有沙子或者坚硬的东西嵌入皮肤，而且擦伤面积大，应先用生理盐水冲洗，把异物清除掉，用凡士林油纱布覆盖伤口，再用绷带加压包扎。

（3）若擦伤很严重，应到医院由医生处理；自行处理不当，很容易引起感染和破伤风。

十二、气道梗阻

一边聊天一边吃饭，食物可能阻塞气管，也就是我们常说的被噎住了。严重情况下，气道梗阻可能导致窒息死亡！

【应对策略】

情况不太严重，尚能呼吸、说话、咳嗽，要自行用力咳嗽，尽力呼吸，或采用海姆立克法自救或施救，促使异物排出。

情况严重时，除立刻拨打急救电话外，应立即采用海姆立克法施救。

☞ 请翻到本书 P196 详细了解海姆立克急救法

温馨提示

发生气道梗阻，一定不要大量喝水、继续吞咽食物，同伴也不要用力拍患者的背、马上给患者做人工呼吸。

十三、高空坠物

防范高空坠物：

（1）关注警示牌警示通告。一般经常坠物的路段会贴有警示通告或立有警示牌等标志，要注意查看绕行。

（2）尽量走内街。在高层建筑路段行走，尽量走内街。

（3）恶劣天气情况下注意观察。多风暴雨天气易发生高空坠物，要小心。

（4）购买人身意外险。如果经济条件允许，购买人身意外保险。

女生专题篇

女大学生年轻靓丽，有教养、气质好，但往往缺乏社会经验，单纯天真，甚至个别同学还自恃聪明，麻痹大意，缺乏自我保护意识，需要特别注意防范性侵害。

一、校园中主要的性侵害形式

（1）暴力式侵害。即直接采取暴力威胁手段侵害女学生。

（2）流氓滋扰式侵害。如语言调戏，推拉摸撞占便宜，做下流动作等。

（3）胁迫式侵害。即利用受害人有求于己或抓住受害人的个人隐私进行要挟、胁迫，使女生就范。

（4）社交性强奸。即受害人的相识者，利用或创造机会把正常的社交引向性犯罪，受害人往往出于各种顾虑不敢揭发。

（5）诱惑式侵害。即利用受害人追求享乐、贪图钱财的心理，诱惑受害人而使其受到性侵害。

二、日常安全防范须知

（1）不轻易与陌生人接近或交谈。

（2）衣装得体、态度端正，不轻易接受陌生男子的邀约。

（3）节假日或晚间不单独在教室上自习。

（4）不单独进入或停留在僻静、幽暗的地方。

（5）不拼车，不乘坐非正规车辆，不搭陌生人便车，乘坐出租车不坐副驾驶位。

（6）尽量不单独与异性在宁静、封闭的环境中会面，尤其不要到对方家中去。

三、女生集体宿舍性侵害的防范

虽然是在室内，女生也要提高警惕，防范性侵害的发生。

（1）常检查宿舍门窗，如发现损坏，及时报修。

（2）就寝前，要注意关好门窗，天热也不例外，防止犯罪分子趁女生熟睡时作案。

（3）夜间上厕所时，如走廊、厕所公共照明灯具已坏，应带上手电筒，关好门；返回时，也应记住把门锁上。

（4）夜间如有男性敲门问讯，应保持高度警惕。

（5）放寒暑假不回家的女生，应三人以上集中居住。

四、摆脱异性纠缠的方法

和我交往吧

在摆脱异性纠缠时，最忌暧昧、鄙视、言行不一、当断不断。只有坚持尊重、明确、坚决、节制的原则，才有可能既摆脱纠缠又不伤害对方。

(1)态度明朗，让对方打消念头，切不可态度暧昧、模棱两可。

(2)遵守恋爱道德，讲究文明礼貌。拒绝时要尊重对方人格，不可嘲笑挖苦，更不能揭露对方隐私。如自己有责任，应主动承担责任，表示歉意。

(3)正常相处，但要节制往来。

(4)遇到困难，要依靠组织。如自己向对方做了工作之后，效果不大，仍制止不了对方的纠缠，或发现对方可能报复自己，要及时向老师报告，依靠组织妥善处理，防止发生意外事件。

五、女生找工作或做兼职时的安全常识

(1)着装尽量职业化。

(2)警惕上司的过分热情。

(3)不轻易答应别人接送，晚归最好结伴或走人多的地方。

(4)尽量不去人少的地方或酒吧等场所。

(5)公共场所尽可能不喝酒或少喝酒。

六、预防社交性强奸的策略

（1）不要轻易相信新结识的异性朋友。

（2）控制好感情，不要在交往中表现轻浮。

（3）控制约会的环境。

（4）不要过量饮酒。

（5）不要接受比较贵重的馈赠。

（6）对过分的举动要明确表明自己的反对态度。

七、夜晚独行应特别注意的事项

　　一般来说，不要在夜晚独行，尤其是女生。一来晚上车速快、视线不好，易发生交通意外，而一人独行没有目击者，也得不到帮助；二来夜晚是不法分子实施侵害的主要时段，夜里独行，风险较大。

　　（1）保持警惕，最好结伴而行，不走偏僻、幽暗的小路。

　　（2）将手机拨好电话号码拿在手上，遇紧急情况，可以马上打通。

　　（3）如有条件，告诉朋友，大约什么时候出发、什么时候回去、走的哪一条路。

　　（4）陌生男人问路，不要带路；向陌生男人问路，不要让

他带路。

（5）独自出行或出入陌生环境，不要穿过分暴露的衣服。

（6）遇人搭讪，不要理睬，赶快往人多、明亮、有摄像头处走；碰上坏人要机智勇敢，高声呼救、反抗或周旋拖延，等待救援。

（7）夜晚独行尤其要注意乘车安全。

> 再次提示：晚上独自搭乘出租车，切记：拍牌照——发微信——发语音"××，我上车了，车辆信息发了照片"。
>
> ☞ 参见本书 P19 交通安全篇相关内容

八、遭遇性侵害时的应对措施

（1）**保持镇静，临危不惧**。镇静既可使自己临阵不乱，又可对罪犯起到震慑作用。

（2）**明确意愿，态度坚决**。恰当且坚定地表明态度，尽可能阻止。

（3）**沉着机智，理智反抗**。遭到性侵时，注意了解性侵者的弱点和周围环境，利用一切积极因素，采取恰当措施反抗。

（4）**要坚强，要有信心**。与犯罪分子软磨硬泡，拖延时间，在保证自身安全的基础上顽强抵抗。

（5）**选择适当机会和方式逃离**。

（6）**创造机会，乘其不备，实施反抗**。利用日常用具如发卡、鞋跟等攻击案犯的要害部位（眼睛、太阳穴、阴部等），使其丧失攻击能力。

（7）**记住犯罪分子的特征，及时报案。**万一受害，要记住案犯特征，尽量在其身上留下反抗的痕迹；妥善保存证据，及时报案，协助公安机关破案。

（8）**注意事后紧急避孕。**

（9）**正确调整心态。**调整认知，学会宣泄情绪。

急救常识篇

生活中，突发的意外伤害、心脑病发作、中暑、中毒、运动损伤等都可能使人痛苦难受、丧失活动能力或昏迷不醒等。如果得不到正确的救治，患者的病情可能会进一步加重，甚至死亡。在拨打了急救电话等待医生到来之前，采取积极、正确的应对措施，可以使事态向有利于患者的方向发展，有利于挽救患者的生命。

一、心肺复苏术

心搏骤停一旦发生，如得不到及时的抢救复苏，4~6分钟后会造成患者脑和其他重要器官组织的不可逆的损害。因此，一旦确认心脏停搏，必须在现场立即进行心肺复苏。

心肺复苏术

未经培训的急救员、经培训的急救员、医务人员的操作程序有所不同，下面介绍的是未经培训的急救员的操作流程。

1. 确保现场安全

观察周围是否安全，确认安全后施救。

2. 检查反应

轻拍或摇动患者双肩并大声呼叫，判断患者有无反应；同时快速检查有无呼吸（10 秒内完成）。

3. 呼救

呼叫临近人帮助拨打或自己拨打 120 急救电话。

4. 遵照调度员指令进行急救

若调度员判断情况允许你作为未经培训的急救员进行心肺复苏，可以在指引下完成以下救护：

（1）让患者仰卧在硬木板或硬地面上，解开衣服和裤头，暴露胸壁，清除口鼻异物。

（2）胸外心脏按压：对胸骨下段有节律地按压。

【要点】

● **按压部位**：两乳头连线中点（年老女性除外）胸骨中下 1/3 处。

定位方法 抢救者示指和中指沿肋弓向中间滑移至两侧肋弓交点处，然后将示指和中指横放在此处的上方，示指上方的胸骨正中部即为按压区。

• **按压方法**：左手掌跟放在胸骨中下 1/3 处、四指离开胸廓，右手与左手交锁双，肘伸直，用身体重力垂直下压，下压与抬举的时间比例为 1∶1，抬举时应完全放松，让胸廓完全回弹，但掌跟不能离开胸骨。

• **按压频率**：100 ~ 120 次/分（快速念：01，02，…，10，11，…，30）。

• **按压深度**：至少 5~6 cm。

特别链接

高质量的胸外心脏按压

1. 足够的按压深度：5~6 厘米
2. 足够的按压速度：100~120 次/分
3. 完全的胸廓回弹：按压间隙不能倚靠在患者的胸壁上

温馨提示

鼓励未经培训者**仅**做胸外按压。

二、创伤救护技术

> **创伤救护工作流程**
> 快速脱离危险环境 → 维持呼吸畅通 → 处理活动性出血
> → 保存好离断肢体 → 处理好伤口

1. 快速脱离危险环境

迅速安全地脱离危险环境；但搬运伤员时要轻、稳，切记勿将伤肢从重物下硬拉出来。

2. 维持呼吸畅通

(1)将患者仰卧平放。

(2)保护颈椎。

(3)开放气道：抢救者将一手掌小拇指侧置于患者前额，下压使其头部后仰，另一手的食指和中指抬起患者下巴，帮助头部后仰。

(4)清除口中异物或呕吐物，但要尽量避免刺激呕吐。

(5)将头偏向一边，防止窒息。

3. 处理活动性出血

(1)加压包扎法：适用于体表及四肢伤出血。

将无菌纱布或者衬垫覆盖在伤口上，用手或其他物体在包扎伤口的敷料上施加压力(一般需要持续 5~15 分钟才可奏

效）；同时将受伤部位抬高也利
于止血。

（2）指压法：

头顶部出血：在受伤一侧
的耳前，对准耳屏（耳郭的小突
起）前方1厘米处，用拇指压迫
颞浅动脉

颌面部出血：指压下颌角前方1~2厘米动脉搏动处（面
动脉）。

头颈部出血：指压气管外侧两横指外动脉搏动处（颈总
动脉）。

⚠️ **注意：绝对禁止同时压迫双侧颈总动脉，以免引起大
脑缺氧！**

前臂出血：抬高手臂超过心脏位置，
用四个手指压迫肘窝上2厘米肱动脉，也
就是平常测血压的地方。

大腿出血：使出血一侧的大腿屈曲，
抢救者用双手拇指，在大腿根部中间稍下
方，斜向股骨头方向用力压迫股动脉。

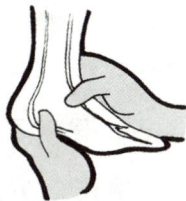

（3）止血带止血法。人体四肢较大血管破裂出血，经指压
止血、加压包扎止血无效时，可采用止血带有效控制出血。若
止血带使用不当，易造成肢体组织缺血、坏死，甚至丧失肢体。

【止血带的选用】

止血带可选用橡皮带或橡皮管，也可用绷带或较宽的布条，以绞棒绞紧作止血带用，但禁用细绳和电线等物。

【缚扎止血带的方法】

上止血带的部位以靠近伤口最近端为宜，减少缺血范围。

在上臂应避免缚在中上 1/3 处，以免损伤桡神经。

在膝关节和肘关节以下缚止血带无止血作用。

止血带下加垫 1~2 层布，以保护皮肤。要松紧合适，以动脉刚好不出血即可；压力过低可加重出血，压力过高则会损伤神经和软组织。上止血带的肢体应妥善固定，注意保暖。

【缚扎止血带后的护理】

使用止血带后，应做出明显标志，记录使用的时间。

上肢缚扎的止血带每 20~30 分钟松解 1 次，每次 2~3 分钟；下肢缚扎的止血带每 30~60 分钟松解 1 次，每次 2~3 分钟，或见组织有新鲜渗血时再扎上。

用止血带止血要尽可能缩短时间，以防肢体组织坏死。若止血带松解后，伤口无活动性出血，可不再使用止血带，改用加压包扎。在松解止血带前，要准备好止血用具后再行操作。

4. 保存好离断肢体

先用无菌敷料或洁净的布包好后再放入无菌或洁净的无孔漏塑料袋内，扎紧袋口，再放入注满冰水混合液的塑料袋内低温保存后，和伤员一同送往医院。

⚠️ 注意：切忌将离断的肢体浸泡在任何液体中。

5. 伤口处理

【注意事项】

（1）不要随意去除伤口内异物或血凝块；

（2）若创面有外露的骨折断端、肌肉、内脏，严禁现场回纳伤口；

（3）腹部组织或脏器脱出，应先用干净的器皿保护后再包扎。

三、搬运伤员的技术

1. 担架搬运法

患者头部向后、足部向前，以便后面的担架员随时观察病情变化；担架员脚步一致，平稳前进；使患者一直保持水平状态。

2. 徒手搬运法

（1）**单人搬运法**（背负法）：搬运者站在伤员一侧，一手抓紧伤员双臂，另一手抱其腿，用力翻身，使其负于搬运者的背上，然后慢慢站起。

（2）**双人搬运法**（拉车式搬运法）：一人站在伤员的头侧，以两手插至伤员的腋下，将伤员抱在怀里，另一人跨在伤员的两腿之间，抬起伤员的双腿，两人同方向步调一致抬伤员前行。

（3）**多人搬运法**：三人可并排将伤员抱起，齐步一致向前。第四人可负责固定头部。多于四人可面对面，将伤员平抱进行搬运。

四、气道异物梗塞急救法

气道异物梗塞急救法又称为**海姆立克急救法**，也称海姆立克腹部冲击法，主要适用于气道异物导致呼吸道梗塞引起的呼吸困难及呼吸骤停。

海姆立克急救法

⚠ **注意**：运用海姆立克急救法施救，需分不同情况、不同个体采取不同方式进行。

（一）气道异物梗塞时病人的特殊表现

（1）气道不完全梗塞：被梗塞者剧烈呛咳，呼吸困难，面色青紫，发绀，由于病人极度不适，常常以一手呈 V 字状紧贴于颈前喉部。

（2）气道完全梗塞：被梗塞者面色灰暗、青紫，不能说话、咳嗽及呼吸，最后窒息，呼吸停止。

（二）气道不完全梗塞的自救法

（1）自己一手握空心拳，将拳头的拇指一侧放在脐上二横指的腹部，另一手紧握此拳

快速向内向上有节奏地冲击5~6次，至异物排出。

（2）也可将自己脐上二横指处，压在椅背、桌边、床栏等硬物处连续向内向上冲击5~6次，至异物排出。

(三)气道不完全梗塞急救法

1. 立位腹部冲击法

（1）施救者站在被梗塞者身后，用两手臂环绕病人的腰部，让被梗塞者上身前倾。

（2）选定位置：脐上二横指。

（3）腹部冲击：施救者握空心拳，将拳头的拇指一侧放在被梗塞者脐上二横指处，另一手紧握此拳，快速有力、有节奏地向内向上冲击5~6次，反复操作至异物排出。

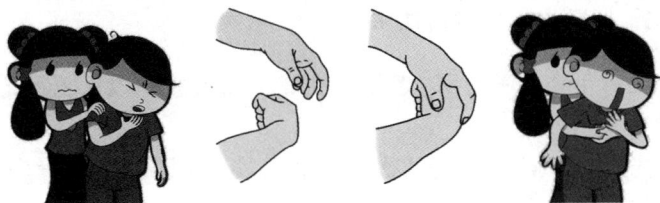

2. 立位胸部冲击法

适用于肥胖者及妊娠后期的妇女。

手法同立位腹部冲击法，但冲击部位在胸骨中部。

⚠️ **注意：力度不要过大。**

(四)气道完全梗塞急救法

1. 仰卧位腹部冲击法

适用于意识不清醒、窒息、昏迷倒地的被梗塞者。

施救者骑跨在被梗塞者两大腿外侧，一手掌根平放于脐上二横指处，另一掌根与之重叠，两手合力，向内向上冲击 5~6 次，反复操作，至异物排出。

2. 仰卧位胸部冲击法

适用于意识不清醒、窒息、昏迷倒地的**肥胖者**及**妊娠后期的妇女。**

先进行口对口吹气两次，如果无效，立即冲击胸骨中部，至异物排出。

海姆立克急救法虽有一定的效果，但也可能带来一定的危害。尤其是对老年人，由于胸腹部组织的弹性及顺应性差，容易导致损伤发生。

故：发生呼吸道堵塞时，应首先拨打 120 急救电话，然后用其他方法排出异物，在其他方法无效或紧急情况下才使用该法。

⚠️ 注意：不要挤压胸廓，冲击力限于手上，防止胸部和腹内脏器损伤。

五、中暑的防治

【预防策略】

(1)强身健体，加强营养，避免过度疲劳。

(2)穿宽松透气的衣服。

(3)天气炎热时注意防暑降温。

(4)不要在湿度较高和通风不良的环境下从事重体力劳动。

(5)大量出汗后补充淡盐水或电解质充分的运动型饮料。

【应对策略】

(1)先兆中暑：在高温下一段时间后，出现大汗、口渴、头晕、头痛、注意力不集中、眼花、耳鸣、胸闷、心悸、恶心、四肢无力等症状，体温正常或略微升高。

【**应对方法**】

及时移到通风阴凉处安静休息，补充水、盐，短时间内即可恢复。

（2）轻度到重度中暑。除先兆中暑症状加重外，体温升至38℃以上，出现面色潮红、大量出汗、皮肤灼热等表现或虚脱表现，严重者可有肌肉痉挛或脱水症状。

【**应对方法**】

● **快速脱离高温环境**：转移到通风良好的阴凉处或者室温 20~25℃房间内平卧休息，松解或脱去外衣。

● **降温**：可用冷水反复擦拭全身，直至体温低于38℃；可用扇子、空调或电风扇帮助降温到患者舒适为宜。口服清凉饮料或淡盐水。

● **就医**：若经以上现场救助后未恢复正常，应立即送至医院。

附　录

附录一：学生伤害事故处理办法

中华人民共和国教育部令
第 12 号

《学生伤害事故处理办法》已于 2002 年 3 月 26 日经部务会议讨论通过，现予发布，自 2002 年 9 月 1 日起施行。

部长　陈至立
二〇〇二年六月二十五日

第一章　总则

第一条　为积极预防、妥善处理在校学生伤害事故，保护学生、学校的合法权益，根据《中华人民共和国教育法》《中华人民共和国未成年人保护法》和其他相关法律、行政法规及有关规定，制定本办法。

第二条 在学校实施的教育教学活动或者学校组织的校外活动中，以及在学校负有管理责任的校舍、场地、其他教育教学设施、生活设施内发生的，造成在校学生人身损害后果的事故的处理，适用本办法。

第三条 学生伤害事故应当遵循依法、客观公正、合理适当的原则，及时、妥善地处理。

第四条 学校的举办者应当提供符合安全标准的校舍、场地、其他教育教学设施和生活设施。

教育行政部门应当加强学校安全工作，指导学校落实预防学生伤害事故的措施，指导、协助学校妥善处理学生伤害事故，维护学校正常的教育教学秩序。

第五条 学校应当对在校学生进行必要的安全教育和自护自救教育；应当按照规定，建立健全安全制度，采取相应的管理措施，预防和消除教育教学环境中存在的安全隐患；当发生伤害事故时，应当及时采取措施救助受伤害学生。

学校对学生进行安全教育、管理和保护，应当针对学生年龄、认知能力和法律行为能力的不同，采用相应的内容和预防措施。

第六条 学生应当遵守学校的规章制度和纪律；在不同的受教育阶段，应当根据自身的年龄、认知能力和法律行为能力，避免和消除相应的危险。

第七条 未成年学生的父母或者其他监护人(以下称为监护人)应当依法履行监护职责，配合学校对学生进行安全教育、管理和保护工作。

学校对未成年学生不承担监护职责，但法律有规定的或者学校依法接受委托承担相应监护职责的情形除外。

第二章 事故与责任

第八条 学生伤害事故的责任，应当根据相关当事人的行为与损害后果之间的因果关系依法确定。

因学校、学生或者其他相关当事人的过错造成的学生伤害事故，相关当事人应当根据其行为过错程度的比例及其与损害后果之间的因果关系承担相应的责任。当事人的行为是损害后果发生的主要原因，应当承担主要责任；当事人的行为是损害后果发生的非主要原因，承担相应的责任。

第九条 因下列情形之一造成的学生伤害事故，学校应当依法承担相应的责任：

（一）学校的校舍、场地、其他公共设施，以及学校提供给学生使用的学具、教育教学和生活设施、设备不符合国家规定的标准，或者有明显不安全因素的；

（二）学校的安全保卫、消防、设施设备管理等安全管理制度有明显疏漏，或者管理混乱，存在重大安全隐患，而未及时采取措施的；

（三）学校向学生提供的药品、食品、饮用水等不符合国家或者行业的有关标准、要求的；

（四）学校组织学生参加教育教学活动或者校外活动，未对学生进行相应的安全教育，并未在可预见的范围内采取必要的安全措施的；

（五）学校知道教师或者其他工作人员患有不适宜担任教育教学工作的疾病，但未采取必要措施的；

（六）学校违反有关规定，组织或者安排未成年学生从事不宜

未成年人参加的劳动、体育运动或者其他活动的；

（七）学生有特异体质或者特定疾病，不宜参加某种教育教学活动，学校知道或者应当知道，但未予以必要的注意的；

（八）学生在校期间突发疾病或者受到伤害，学校发现，但未根据实际情况及时采取相应措施，导致不良后果加重的；

（九）学校教师或者其他工作人员体罚或者变相体罚学生，或者在履行职责过程中违反工作要求、操作规程、职业道德或者其他有关规定的；

（十）学校教师或者其他工作人员在负有组织、管理未成年学生的职责期间，发现学生行为具有危险性，但未进行必要的管理、告诫或者制止的；

（十一）对未成年学生擅自离校等与学生人身安全直接相关的信息，学校发现或者知道，但未及时告知未成年学生的监护人，导致未成年学生因脱离监护人的保护而发生伤害的；

（十二）学校有未依法履行职责的其他情形的。

第十条　学生或者未成年学生监护人由于过错，有下列情形之一，造成学生伤害事故，应当依法承担相应的责任：

（一）学生违反法律法规的规定，违反社会公共行为准则、学校的规章制度或者纪律，实施按其年龄和认知能力应当知道具有危险或者可能危及他人的行为的；

（二）学生行为具有危险性，学校、教师已经告诫、纠正，但学生不听劝阻、拒不改正的；

（三）学生或者其监护人知道学生有特异体质，或者患有特定疾病，但未告知学校的；

（四）未成年学生的身体状况、行为、情绪等有异常情况，监护人知道或者已被学校告知，但未履行相应监护职责的；

（五）学生或者未成年学生监护人有其他过错的。

第十一条　学校安排学生参加活动，因提供场地、设备、交通工具、食品及其他消费与服务的经营者，或者学校以外的活动组织者的过错造成的学生伤害事故，有过错的当事人应当依法承担相应的责任。

第十二条　因下列情形之一造成的学生伤害事故，学校已履行了相应职责，行为并无不当的，无法律责任：

（一）地震、雷击、台风、洪水等不可抗的自然因素造成的；

（二）来自学校外部的突发性、偶发性侵害造成的；

（三）学生有特异体质、特定疾病或者异常心理状态，学校不知道或者难于知道的；

（四）学生自杀、自伤的；

（五）在对抗性或者具有风险性的体育竞赛活动中发生意外伤害的；

（六）其他意外因素造成的。

第十三条　下列情形下发生的造成学生人身损害后果的事故，学校行为并无不当的，不承担事故责任；事故责任应当按有关法律法规或者其他有关规定认定：

（一）在学生自行上学、放学、返校、离校途中发生的；

（二）在学生自行外出或者擅自离校期间发生的；

（三）在放学后、节假日或者假期等学校工作时间以外，学生自行滞留学校或者自行到校发生的；

（四）其他在学校管理职责范围外发生的。

第十四条　因学校教师或者其他工作人员与其职务无关的个人行为，或者因学生、教师及其他个人故意实施的违法犯罪行为，造成学生人身损害的，由致害人依法承担相应的责任。

第三章 事故处理程序

第十五条 发生学生伤害事故,学校应当及时救助受伤害学生,并应当及时告知未成年学生的监护人;有条件的,应当采取紧急救援等方式救助。

第十六条 发生学生伤害事故,情形严重的,学校应当及时向主管教育行政部门及有关部门报告;属于重大伤亡事故的,教育行政部门应当按照有关规定及时向同级人民政府和上一级教育行政部门报告。

第十七条 学校的主管教育行政部门应学校要求或者认为必要,可以指导、协助学校进行事故的处理工作,尽快恢复学校正常的教育教学秩序。

第十八条 发生学生伤害事故,学校与受伤害学生或者学生家长可以通过协商方式解决;双方自愿,可以书面请求主管教育行政部门进行调解。成年学生或者未成年学生的监护人也可以依法直接提起诉讼。

第十九条 教育行政部门收到调解申请,认为必要的,可以指定专门人员进行调解,并应当在受理申请之日起 60 日内完成调解。

第二十条 经教育行政部门调解,双方就事故处理达成一致意见的,应当在调解人员的见证下签订调解协议,结束调解;在调解期限内,双方不能达成一致意见,或者调解过程中一方提起诉讼,人民法院已经受理的,应当终止调解。调解结束或者终止,教育行政部门应当书面通知当事人。

第二十一条 对经调解达成的协议,一方当事人不履行或者反悔的,双方可以依法提起诉讼。

第二十二条　事故处理结束，学校应当将事故处理结果书面报告主管的教育行政部门；重大伤亡事故的处理结果，学校主管的教育行政部门应当向同级人民政府和上一级教育行政部门报告。

第四章　事故损害的赔偿

第二十三条　对发生学生伤害事故负有责任的组织或者个人，应当按照法律法规的有关规定，承担相应的损害赔偿责任。

第二十四条　学生伤害事故赔偿的范围与标准，按照有关行政法规、地方性法规或者最高人民法院司法解释中的有关规定确定。

教育行政部门进行调解时，认为学校有责任的，可以依照有关法律法规及国家有关规定，提出相应的调解方案。

第二十五条　对受伤害学生的伤残程度存在争议的，可以委托当地具有相应鉴定资格的医院或者有关机构，依据国家规定的人体伤残标准进行鉴定。

第二十六条　学校对学生伤害事故负有责任的，根据责任大小，适当予以经济赔偿，但不承担解决户口、住房、就业等与救助受伤害学生、赔偿相应经济损失无直接关系的其他事项。

学校无责任的，如果有条件，可以根据实际情况，本着自愿和可能的原则，对受伤害学生给予适当的帮助。

第二十七条　因学校教师或者其他工作人员在履行职务中的故意或者重大过失造成的学生伤害事故，学校予以赔偿后，可以向有关责任人员追偿。

第二十八条　未成年学生对学生伤害事故负有责任的，由其监护人依法承担相应的赔偿责任。

学生的行为侵害学校教师及其他工作人员以及其他组织、个人的合法权益，造成损失的，成年学生或者未成年学生的监护人应当依法予以赔偿。

　　第二十九条　根据双方达成的协议、经调解形成的协议或者人民法院的生效判决，应当由学校负担的赔偿金，学校应当负责筹措；学校无力完全筹措的，由学校的主管部门或者举办者协助筹措。

　　第三十条　县级以上人民政府教育行政部门或者学校举办者有条件的，可以通过设立学生伤害赔偿准备金等多种形式，依法筹措伤害赔偿金。

　　第三十一条　学校有条件的，应当依据保险法的有关规定，参加学校责任保险。

　　教育行政部门可以根据实际情况，鼓励中小学参加学校责任保险。

　　提倡学生自愿参加意外伤害保险。在尊重学生意愿的前提下，学校可以为学生参加意外伤害保险创造便利条件，但不得从中收取任何费用。

第五章　事故责任者的处理

　　第三十二条　发生学生伤害事故，学校负有责任且情节严重的，教育行政部门应当根据有关规定，对学校的直接负责的主管人员和其他直接责任人员，分别给予相应的行政处分；有关责任人的行为触犯刑律的，应当移送司法机关依法追究刑事责任。

　　第三十三条　学校管理混乱，存在重大安全隐患的，主管的教育行政部门或者其他有关部门应当责令其限期整顿；对情节严重或者拒不改正的，应当依据法律法规的有关规定，给予相应的行政处罚。

　　第三十四条　教育行政部门未履行相应职责，对学生伤害事故的发生负有责任的，由有关部门对直接负责的主管人员和其他直接责任人员分别给予相应的行政处分；有关责任人的行为触犯刑律的，应当移送司法机关依法追究刑事责任。

第三十五条 违反学校纪律，对造成学生伤害事故负有责任的学生，学校可以给予相应的处分；触犯刑律的，由司法机关依法追究刑事责任。

第三十六条 受伤害学生的监护人、亲属或者其他有关人员，在事故处理过程中无理取闹，扰乱学校正常教育教学秩序，或者侵犯学校、学校教师或者其他工作人员的合法权益的，学校应当报告公安机关依法处理；造成损失的，可以依法要求赔偿。

第六章 附则

第三十七条 本办法所称学校，是指国家或者社会力量举办的全日制的中小学（含特殊教育学校）、各类中等职业学校、高等学校。本办法所称学生是指在上述学校中全日制就读的受教育者。

第三十八条 幼儿园发生的幼儿伤害事故，应当根据幼儿为完全无行为能力人的特点，参照本办法处理。

第三十九条 其他教育机构发生的学生伤害事故，参照本办法处理。

在学校注册的其他受教育者在学校管理范围内发生的伤害事故，参照本办法处理。

第四十条 本办法自 2002 年 9 月 1 日起实施，原国家教委、教育部颁布的与学生人身安全事故处理有关的规定，与本办法不符的，以本办法为准。

在本办法实施之前已处理完毕的学生伤害事故不再重新处理。

2002 年 8 月 21 日

附录二：普通高等学校学生安全教育及管理暂行规定

国家教委关于试行
《普通高等学校学生安全教育及管理暂行规定》的通知
（教学〔1992〕7 号）

1992 年 4 月 15 日

第一章　总则

第一条　为了加强高等学校管理，维护正常的教学和生活秩序，保障学生人身和财物安全，促进身心健康发展，特制定本暂行规定。

第二条　高等学校学生安全教育及管理的主要任务是，宣传、贯彻国家有关安全管理工作的方针、政策、法律、法规，对学生实施安全教育及管理，妥善处理各类安全事故，引导学生健康成长。

第三条　高等学校学生安全教育及管理，要以预防为主，本着保护学生、教育先行、明确责任、教管结合、实事求是、妥善处理的原则，做好教育、管理和处理工作。

第四条　本暂行规定所称学生指在普通高等学校学习取得学籍的全日制学生，即按国家任务、用人单位委托培养、自费三种计划形式录取的学生 。

第二章　安全教育

第五条　高等学校应将对学生进行安全教育作为一项经常性工作，列入学校工作的重要议事日程，加强领导。学校各部门和有关群众团体或组织要相互配合，积极开展安全教育，普及安全知识。增强学生的安全意识和法制观念，提高防范能力。

第六条　学生安全教育应根据不同专业及青年学生的特点，从学生入学到毕业，在各种教学活动和日常生活中，特别是节假日前适时进行，并善于利用发生的安全事故教育学生，防患于未然。学校应根据环境、季节及有关规定进行防盗、防火、防特、防病、防事故等方面的教育，并使之经常化、制度化。

第七条　高等学校对学生进行安全教育须注重心理疏导，加强思想政治工作，教育学生注意保持健康的心理状态，帮助学生克服各种原因造成的心理障碍，把事故消除在萌芽状态。

第三章　安全管理

第八条　高等学校要做好学生日常安全管理工作，加强安全防范，建立和健全规章制度，严格管理。学校要把安全教育及管理工作纳入领导任期的责任目标，落实到年级班主任。学校应由一名校领导主要负责。

第九条　高等学校应确定学生安全教育及管理工作的主管部门。明确其职责，具体组织实施安全教育及其管理工作。各有关部门应分工协作，积极配合。

第十条　全体教职工要从关心学生、爱护学生出发，树立安全思想，努力做好本职工作和改善环境条件，保护学生人身和财产安全。

第十一条 学生发生意外事故以及学生要求保护人身或财物安全等情况时，学校应迅速采取有效措施。

第十二条 学生必须严格遵守国家法律、法规和学校各项规章制度，注意自身的人身和财物安全，防止各种事故的发生。

第十三条 学生在日常教学及各项活动中，应遵守纪律和有关规定，听从指导，服从管理；在公共场所，要遵守社会公德，增强安全防范意识，提高自我保护能力。

第十四条 学生组织集体课外活动，须经学校同意，按学校规定进行。学校须认真进行安全审查，条件不具备时不得批准。

第十五条 学生应严格遵守宿舍管理的规定，自觉维护宿舍的安全与卫生，提高自我管理能力。

第十六条 发现刑事、治安案件或交通、灾害等事故，在场学生应保护现场，及时报告学校或公安部门并协助处理。在学校范围内的，学校应迅速采取措施，控制事态发展，减轻伤害和损失。

第四章　事故处理

第十七条 学生人身和财产发生一般伤害后，学校要及时调查处理，根据当事人或他人的过错，责令其赔偿损失，并给予批评教育或相应行政、纪律处分。在校园内，发生学生非正常死亡、重伤和被窃、失火等造成财产重大损害事故后，学校应迅速采取措施进行抢救、保护现场，同时加强思想政治工作，稳定情绪，恢复秩序，并协同地方有关部门妥善处理。

第十八条 学校对事故调查后认为涉及追究刑事责任的，要及时与公安部门联系，协助调查处理。重大事故学校有关领导应亲自参与调查工作，并认真研究调查报告，及时处理。

第十九条　在安全管理或事故处理过程中，学校认为有必要需搜查学生住处，须报请公安部门依法进行。调查处理案件中以事实为依据，不得逼供或诱供。

第二十条　重大事故发生后，学校应在一天内向所在省、直辖市、自治区有关主管部门报告，并及时通知学生家长。事故处理结束后一周内书面报告有关主管部门。

第二十一条　学生在教学、实习过程与日常生活中，因学校或有关单位责任发生死亡、重伤或残疾，由学校或有关单位承担责任，做好处理及善后工作。在教学、实习过程与日常生活中，学生因不遵守纪律或不按要求活动而发生意外事故，学校不承担责任。

第二十二条　因忽视安全生产，管理不善；工作不负责，违章指挥；玩忽职守，徇私舞弊等对学生造成严重的人身、财物损害的，由其所在单位或上级主管部门，视具体情况对有关责任人员分别给予责令检查、赔偿损失、行政处分，直至依法追究刑事责任。

第二十三条　学生未经批准擅自离校不归发生意外事故的，学校不承担责任。对擅自离校不归，学校不知去向的学生，学校应及时寻找并报告当地公安部门，及时通知学生家长。半月不归且未说明原因者，学校可张榜公布，按自动退学除名。

第二十四条　学生假期或办理离校手续后发生意外事故的，学校不承担责任。

第二十五条　在校内正常生活及由学校在校外组织活动中，由于不能避免的原因或自然灾害而发生的事故，由学校视具体情况处理。

第二十六条　有条件的高等学校可为学生办理人身保险。

第二十七条　凡经学校指定的专业医院确诊为精神病、癫痫病患者的学生，应予退学，由其监护人员负责领回。学生及其监护人不得无理纠缠，扰乱学校教学、生活秩序。

第二十八条　因事故伤残的学生，经治疗后病情稳定，学校认为生活能自理，能坚持在校学习，可留校继续学习；不能坚持在校学习者，应予退学，由学校按其实际学习年限发给肄业证书，并根据事故性质和伤残程度一次性给予适当经济补助。退学学生回其监护人所在地，当地民政等有关部门应协助做好接收、落户等工作，由当地劳动部门按国家关于残疾人劳动就业有关规定安置。

第二十九条　学生因病死亡和责任不由学校承担的意外死亡，学校不承担丧葬费。如家庭确有困难者，学校可酌情予以一次性经济补助。

第三十条　因责任不在本人的意外死亡学生，由学校或有关单位参照国家关于事业单位职工死亡丧葬有关规定处理，负担丧葬费的全部，学校可一次性给予适当经济补助。无论何种情况（事故）给予的经济补助，一般不超过国家规定的学生在校期间（以四年计）的平均奖学金数。凡是事故责任由学校以外的其他单位、个人承担的，学校不再给予经济补助。

第三十一条　因保护国家财产和他人人身安全，见义勇为而致残或英勇牺牲的学生，学校应报请所在省、自治区、直辖市人民政府授予荣誉称号，并给予相应的待遇。

第三十二条　对事故处理不服或持有异议者，可向学校或学校上一级部门申诉，或者依法向人民法院提起民事诉讼。

第五章　附则

第三十三条　普通高等学校研究生事故处理，参照本办法执行。

214

第三十四条　本暂行规定结合《普通高等学校学生管理规定》、《高等学校校园秩序管理若干规定》执行。

第三十五条　各省、自治区、直辖市教育行政部门和各高等学校可根据本暂行规定制定实施细则。

第三十六条　本暂行规定由国家教育部解释。

第三十七条　本暂行规定自发布之日起试行。

附录三：中华人民共和国治安管理处罚法

中华人民共和国主席令
第六十七号

《全国人民代表大会常务委员会关于修改〈中华人民共和国治安管理处罚法〉的决定》已由中华人民共和国第十一届全国人民代表大会常务委员会第二十九次会议于 2012 年 10 月 26 日通过，现予公布，自 2013 年 1 月 1 日起施行。

中华人民共和国主席　胡锦涛

2012 年 10 月 26 日

中华人民共和国治安管理处罚法

(2005 年 8 月 28 日第十届全国人民代表大会常务委员会第十七次会议通过　根据 2012 年 10 月 26 日第十一届全国人民代表大会常务委员会第二十九次会议《关于修改〈中华人民共和国治安管理处罚法〉的决定》修正)

第一章　总则

第一条　为维护社会治安秩序，保障公共安全，保护公民、法人和其他组织的合法权益，规范和保障公安机关及其人民警察依法履行治安管理职责，制定本法。

第二条　扰乱公共秩序，妨害公共安全，侵犯人身权利、财产权利，妨害社会管理，具有社会危害性，依照《中华人民共和国刑法》的规定构成犯罪的，依法追究刑事责任；尚不够刑事处罚的，由公安机关依照本法给予治安管理处罚。

第三条　治安管理处罚的程序，适用本法的规定；本法没有规定的，适用《中华人民共和国行政处罚法》的有关规定。

第四条　在中华人民共和国领域内发生的违反治安管理行为，除法律有特别规定的外，适用本法。

在中华人民共和国船舶和航空器内发生的违反治安管理行为，除法律有特别规定的外，适用本法。

第五条　治安管理处罚必须以事实为依据，与违反治安管理行为的性质、情节以及社会危害程度相当。

实施治安管理处罚，应当公开、公正，尊重和保障人权，保护公民的人格尊严。

办理治安案件应当坚持教育与处罚相结合的原则。

第六条　各级人民政府应当加强社会治安综合治理，采取有效措施，化解社会矛盾，增进社会和谐，维护社会稳定。

第七条　国务院公安部门负责全国的治安管理工作。县级以上地方各级人民政府公安机关负责本行政区域内的治安管理工作。

治安案件的管辖由国务院公安部门规定。

第八条　违反治安管理的行为对他人造成损害的，行为人或者其监护人应当依法承担民事责任。

第九条　对于因民间纠纷引起的打架斗殴或者损毁他人财物等违反治安管理行为，情节较轻的，公安机关可以调解处理。经公安机关调解，当事人达成协议的，不予处罚。经调解未达成协议或者达成协议后不履行的，公安机关应当依照本法的规定对违反治安管理行为人给予处罚，并告知当事人可以就民事争议依法向人民法院提起民事诉讼。

第二章　处罚的种类和适用

第十条　治安管理处罚的种类分为：

（一）警告；

（二）罚款；

（三）行政拘留；

（四）吊销公安机关发放的许可证。

对违反治安管理的外国人，可以附加适用限期出境或者驱逐出境。

第十一条　办理治安案件所查获的毒品、淫秽物品等违禁品，赌具、赌资，吸食、注射毒品的用具以及直接用于实施违反治安管理行为的本人所有的工具，应当收缴，按照规定处理。

违反治安管理所得的财物，追缴退还被侵害人；没有被侵害人的，登记造册，公开拍卖或者按照国家有关规定处理，所得款项上缴国库。

第十二条　已满十四周岁不满十八周岁的人违反治安管理的，从轻或者减轻处罚；不满十四周岁的人违反治安管理的，不予处罚，但是应当责令其监护人严加管教。

第十三条　精神病人在不能辨认或者不能控制自己行为的时候违反治安管理的，不予处罚，但是应当责令其监护人严加看管和治疗。间歇性的精神病人在精神正常的时候违反治安管理的，应当给予处罚。

第十四条　盲人或者又聋又哑的人违反治安管理的，可以从轻、减轻或者不予处罚。

第十五条　醉酒的人违反治安管理的，应当给予处罚。

醉酒的人在醉酒状态中，对本人有危险或者对他人的人身、财产或者公共安全有威胁的，应当对其采取保护性措施约束至酒醒。

第十六条　有两种以上违反治安管理行为的，分别决定，合并执行。行政拘留处罚合并执行的，最长不超过二十日。

第十七条　共同违反治安管理的，根据违反治安管理行为人在违反治安管理行为中所起的作用，分别处罚。

教唆、胁迫、诱骗他人违反治安管理的，按照其教唆、胁迫、诱骗的行为处罚。

第十八条　单位违反治安管理的，对其直接负责的主管人员和其他直接责任人员依照本法的规定处罚。其他法律、行政法规对同一行为规定给予单位处罚的，依照其规定处罚。

第十九条　违反治安管理有下列情形之一的，减轻处罚或者不予处罚：

（一）情节特别轻微的；

（二）主动消除或者减轻违法后果，并取得被侵害人谅解的；

（三）出于他人胁迫或者诱骗的；

（四）主动投案，向公安机关如实陈述自己的违法行为的；

（五）有立功表现的。

第二十条　违反治安管理有下列情形之一的，从重处罚：

（一）有较严重后果的；

（二）教唆、胁迫、诱骗他人违反治安管理的；

（三）对报案人、控告人、举报人、证人打击报复的；

（四）六个月内曾受过治安管理处罚的。

第二十一条　违反治安管理行为人有下列情形之一，依照本法应当给予行政拘留处罚的，不执行行政拘留处罚：

（一）已满十四周岁不满十六周岁的；

（二）已满十六周岁不满十八周岁，初次违反治安管理的；

（三）七十周岁以上的；

（四）怀孕或者哺乳自己不满一周岁婴儿的。

第二十二条　违反治安管理行为在六个月内没有被公安机关发现的，不再处罚。

前款规定的期限，从违反治安管理行为发生之日起计算；违反治安管理行为有连续或者继续状态的，从行为终了之日起计算。

第三章　违反治安管理的行为和处罚

第一节　扰乱公共秩序的行为和处罚

第二十三条　有下列行为之一的，处警告或者二百元以下罚款；情节较重的，处五日以上十日以下拘留，可以并处五百元以下罚款：

（一）扰乱机关、团体、企业、事业单位秩序，致使工作、生产、营业、医疗、教学、科研不能正常进行，尚未造成严重损失的；

（二）扰乱车站、港口、码头、机场、商场、公园、展览馆或者其他公共场所秩序的；

（三）扰乱公共汽车、电车、火车、船舶、航空器或者其他公共交通工具上的秩序的；

（四）非法拦截或者强登、扒乘机动车、船舶、航空器以及其他交通工具，影响交通工具正常行驶的；

(五)破坏依法进行的选举秩序的。

聚众实施前款行为的,对首要分子处十日以上十五日以下拘留,可以并处一千元以下罚款。

第二十四条 有下列行为之一,扰乱文化、体育等大型群众性活动秩序的,处警告或者二百元以下罚款;情节严重的,处五日以上十日以下拘留,可以并处五百元以下罚款:

(一)强行进入场内的;

(二)违反规定,在场内燃放烟花爆竹或者其他物品的;

(三)展示侮辱性标语、条幅等物品的;

(四)围攻裁判员、运动员或者其他工作人员的;

(五)向场内投掷杂物,不听制止的;

(六)扰乱大型群众性活动秩序的其他行为。

因扰乱体育比赛秩序被处以拘留处罚的,可以同时责令其十二个月内不得进入体育场馆观看同类比赛;违反规定进入体育场馆的,强行带离现场。

第二十五条 有下列行为之一的,处五日以上十日以下拘留,可以并处五百元以下罚款;情节较轻的,处五日以下拘留或者五百元以下罚款:

(一)散布谣言,谎报险情、疫情、警情或者以其他方法故意扰乱公共秩序的;

(二)投放虚假的爆炸性、毒害性、放射性、腐蚀性物质或者传染病病原体等危险物质扰乱公共秩序的;

(三)扬言实施放火、爆炸、投放危险物质扰乱公共秩序的。

第二十六条 有下列行为之一的,处五日以上十日以下拘留,可以并处五百元以下罚款;情节较重的,处十日以上十五日以下拘留,可以并处一千元以下罚款:

（一）结伙斗殴的；

（二）追逐、拦截他人的；

（三）强拿硬要或者任意损毁、占用公私财物的；

（四）其他寻衅滋事行为。

第二十七条 有下列行为之一的，处十日以上十五日以下拘留，可以并处一千元以下罚款；情节较轻的，处五日以上十日以下拘留，可以并处五百元以下罚款：

（一）组织、教唆、胁迫、诱骗、煽动他人从事邪教、会道门活动或者利用邪教、会道门、迷信活动，扰乱社会秩序、损害他人身体健康的；

（二）冒用宗教、气功名义进行扰乱社会秩序、损害他人身体健康活动的。

第二十八条 违反国家规定，故意干扰无线电业务正常进行的，或者对正常运行的无线电台（站）产生有害干扰，经有关主管部门指出后，拒不采取有效措施消除的，处五日以上十日以下拘留；情节严重的，处十日以上十五日以下拘留。

第二十九条 有下列行为之一的，处五日以下拘留；情节较重的，处五日以上十日以下拘留：

（一）违反国家规定，侵入计算机信息系统，造成危害的；

（二）违反国家规定，对计算机信息系统功能进行删除、修改、增加、干扰，造成计算机信息系统不能正常运行的；

（三）违反国家规定，对计算机信息系统中存储、处理、传输的数据和应用程序进行删除、修改、增加的；

（四）故意制作、传播计算机病毒等破坏性程序，影响计算机信息系统正常运行的。

第二节　妨害公共安全的行为和处罚

第三十条　违反国家规定，制造、买卖、储存、运输、邮寄、携带、使用、提供、处置爆炸性、毒害性、放射性、腐蚀性物质或者传染病病原体等危险物质的，处十日以上十五日以下拘留；情节较轻的，处五日以上十日以下拘留。

第三十一条　爆炸性、毒害性、放射性、腐蚀性物质或者传染病病原体等危险物质被盗、被抢或者丢失，未按规定报告的，处五日以下拘留；故意隐瞒不报的，处五日以上十日以下拘留。

第三十二条　非法携带枪支、弹药或者弩、匕首等国家规定的管制器具的，处五日以下拘留，可以并处五百元以下罚款；情节较轻的，处警告或者二百元以下罚款。

非法携带枪支、弹药或者弩、匕首等国家规定的管制器具进入公共场所或者公共交通工具的，处五日以上十日以下拘留，可以并处五百元以下罚款。

第三十三条　有下列行为之一的，处十日以上十五日以下拘留：

（一）盗窃、损毁油气管道设施、电力电信设施、广播电视设施、水利防汛工程设施，或者水文监测、测量、气象测报、环境监测、地质监测、地震监测等公共设施的；

（二）移动、损毁国家边境的界碑、界桩以及其他边境标志、边境设施或者领土、领海标志设施的；

（三）非法进行影响国（边）界线走向的活动或者修建有碍国（边）境管理的设施的。

第三十四条　盗窃、损坏、擅自移动使用中的航空设施，或者强行进入航空器驾驶舱的，处十日以上十五日以下拘留。

在使用中的航空器上使用可能影响导航系统正常功能的器具、工具，不听劝阻的，处五日以下拘留或者五百元以下罚款。

第三十五条 有下列行为之一的，处五日以上十日以下拘留，可以并处五百元以下罚款；情节较轻的，处五日以下拘留或者五百元以下罚款：

（一）盗窃、损毁或者擅自移动铁路设施、设备、机车车辆配件或者安全标志的；

（二）在铁路线路上放置障碍物，或者故意向列车投掷物品的；

（三）在铁路线路、桥梁、涵洞处挖掘坑穴、采石取沙的；

（四）在铁路线路上私设道口或者平交过道的。

第三十六条 擅自进入铁路防护网或者火车来临时在铁路线路上行走坐卧、抢越铁路，影响行车安全的，处警告或者二百元以下罚款。

第三十七条 有下列行为之一的，处五日以下拘留或者五百元以下罚款；情节严重的，处五日以上十日以下拘留，可以并处五百元以下罚款：

（一）未经批准，安装、使用电网的，或者安装、使用电网不符合安全规定的；

（二）在车辆、行人通行的地方施工，对沟井坎穴不设覆盖物、防围和警示标志的，或者故意损毁、移动覆盖物、防围和警示标志的；

（三）盗窃、损毁路面井盖、照明等公共设施的。

第三十八条 举办文化、体育等大型群众性活动，违反有关规定，有发生安全事故危险的，责令停止活动，立即疏散。对组织者处五日以上十日以下拘留，并处二百元以上五百元以下罚款；

情节较轻的，处五日以下拘留或者五百元以下罚款。

第三十九条　旅馆、饭店、影剧院、娱乐场、运动场、展览馆或者其他供社会公众活动的场所的经营管理人员，违反安全规定，致使该场所有发生安全事故危险，经公安机关责令改正，拒不改正的，处五日以下拘留。

第三节　侵犯人身权利、财产权利的行为和处罚

第四十条　有下列行为之一的，处十日以上十五日以下拘留，并处五百元以上一千元以下罚款；情节较轻的，处五日以上十日以下拘留，并处二百元以上五百元以下罚款：

（一）组织、胁迫、诱骗不满十六周岁的人或者残疾人进行恐怖、残忍表演的；

（二）以暴力、威胁或者其他手段强迫他人劳动的；

（三）非法限制他人人身自由、非法侵入他人住宅或者非法搜查他人身体的。

第四十一条　胁迫、诱骗或者利用他人乞讨的，处十日以上十五日以下拘留，可以并处一千元以下罚款。

反复纠缠、强行讨要或者以其他滋扰他人的方式乞讨的，处五日以下拘留或者警告。

第四十二条　有下列行为之一的，处五日以下拘留或者五百元以下罚款；情节较重的，处五日以上十日以下拘留，可以并处五百元以下罚款：

（一）写恐吓信或者以其他方法威胁他人人身安全的；

（二）公然侮辱他人或者捏造事实诽谤他人的；

（三）捏造事实诬告陷害他人，企图使他人受到刑事追究或者受到治安管理处罚的；

（四）对证人及其近亲属进行威胁、侮辱、殴打或者打击报复的；

（五）多次发送淫秽、侮辱、恐吓或者其他信息，干扰他人正常生活的；

（六）偷窥、偷拍、窃听、散布他人隐私的。

第四十三条 殴打他人的，或者故意伤害他人身体的，处五日以上十日以下拘留，并处二百元以上五百元以下罚款；情节较轻的，处五日以下拘留或者五百元以下罚款。

有下列情形之一的，处十日以上十五日以下拘留，并处五百元以上一千元以下罚款：

（一）结伙殴打、伤害他人的；

（二）殴打、伤害残疾人、孕妇、不满十四周岁的人或者六十周岁以上的人的；

（三）多次殴打、伤害他人或者一次殴打、伤害多人的。

第四十四条 猥亵他人的，或者在公共场所故意裸露身体，情节恶劣的，处五日以上十日以下拘留；猥亵智力残疾人、精神病人、不满十四周岁的人或者有其他严重情节的，处十日以上十五日以下拘留。

第四十五条 有下列行为之一的，处五日以下拘留或者警告：

（一）虐待家庭成员，被虐待人要求处理的；

（二）遗弃没有独立生活能力的被扶养人的。

第四十六条 强买强卖商品，强迫他人提供服务或者强迫他人接受服务的，处五日以上十日以下拘留，并处二百元以上五百元以下罚款；情节较轻的，处五日以下拘留或者五百元以下罚款。

第四十七条 煽动民族仇恨、民族歧视，或者在出版物、计算机信息网络中刊载民族歧视、侮辱内容的，处十日以上十五日以下拘留，可以并处一千元以下罚款。

第四十八条 冒领、隐匿、毁弃、私自开拆或者非法检查他人邮件的，处五日以下拘留或者五百元以下罚款。

第四十九条 盗窃、诈骗、哄抢、抢夺、敲诈勒索或者故意损毁公私财物的，处五日以上十日以下拘留，可以并处五百元以下罚款；情节较重的，处十日以上十五日以下拘留，可以并处一千元以下罚款。

第四节　妨害社会管理的行为和处罚

第五十条 有下列行为之一的，处警告或者二百元以下罚款；情节严重的，处五日以上十日以下拘留，可以并处五百元以下罚款：

（一）拒不执行人民政府在紧急状态情况下依法发布的决定、命令的；

（二）阻碍国家机关工作人员依法执行职务的；

（三）阻碍执行紧急任务的消防车、救护车、工程抢险车、警车等车辆通行的；

（四）强行冲闯公安机关设置的警戒带、警戒区的。

阻碍人民警察依法执行职务的，从重处罚。

第五十一条 冒充国家机关工作人员或者以其他虚假身份招摇撞骗的，处五日以上十日以下拘留，可以并处五百元以下罚款；情节较轻的，处五日以下拘留或者五百元以下罚款。

冒充军警人员招摇撞骗的，从重处罚。

第五十二条 有下列行为之一的，处十日以上十五日以下拘留，可以并处一千元以下罚款；情节较轻的，处五日以上十日以下拘留，可以并处五百元以下罚款：

（一）伪造、变造或者买卖国家机关、人民团体、企业、事业单位或者其他组织的公文、证件、证明文件、印章的；

（二）买卖或者使用伪造、变造的国家机关、人民团体、企业、事业单位或者其他组织的公文、证件、证明文件的；

（三）伪造、变造、倒卖车票、船票、航空客票、文艺演出票、体育比赛入场券或者其他有价票证、凭证的；

（四）伪造、变造船舶户牌，买卖或者使用伪造、变造的船舶户牌，或者涂改船舶发动机号码的。

第五十三条 船舶擅自进入、停靠国家禁止、限制进入的水域或者岛屿的，对船舶负责人及有关责任人员处五百元以上一千元以下罚款；情节严重的，处五日以下拘留，并处五百元以上一千元以下罚款。

第五十四条 有下列行为之一的，处十日以上十五日以下拘留，并处五百元以上一千元以下罚款；情节较轻的，处五日以下拘留或者五百元以下罚款：

（一）违反国家规定，未经注册登记，以社会团体名义进行活动，被取缔后，仍进行活动的；

（二）被依法撤销登记的社会团体，仍以社会团体名义进行活动的；

（三）未经许可，擅自经营按照国家规定需要由公安机关许可的行业的。

有前款第三项行为的，予以取缔。

取得公安机关许可的经营者，违反国家有关管理规定，情节严重的，公安机关可以吊销许可证。

第五十五条 煽动、策划非法集会、游行、示威，不听劝阻的，处十日以上十五日以下拘留。

第五十六条 旅馆业的工作人员对住宿的旅客不按规定登记姓名、身份证件种类和号码的，或者明知住宿的旅客将危险物质带入旅馆，不予制止的，处二百元以上五百元以下罚款。

旅馆业的工作人员明知住宿的旅客是犯罪嫌疑人员或者被公安机关通缉的人员，不向公安机关报告的，处二百元以上五百元以下罚款；情节严重的，处五日以下拘留，可以并处五百元以下罚款。

第五十七条 房屋出租人将房屋出租给无身份证件的人居住的，或者不按规定登记承租人姓名、身份证件种类和号码的，处二百元以上五百元以下罚款。

房屋出租人明知承租人利用出租房屋进行犯罪活动，不向公安机关报告的，处二百元以上五百元以下罚款；情节严重的，处五日以下拘留，可以并处五百元以下罚款。

第五十八条 违反关于社会生活噪声污染防治的法律规定，制造噪声干扰他人正常生活的，处警告；警告后不改正的，处二百元以上五百元以下罚款。

第五十九条 有下列行为之一的，处五百元以上一千元以下罚款；情节严重的，处五日以上十日以下拘留，并处五百元以上一千元以下罚款：

（一）典当业工作人员承接典当的物品，不查验有关证明、不履行登记手续，或者明知是违法犯罪嫌疑人、赃物，不向公安机关报告的；

（二）违反国家规定，收购铁路、油田、供电、电信、矿山、水利、测量和城市公用设施等废旧专用器材的；

（三）收购公安机关通报寻查的赃物或者有赃物嫌疑的物品的；

（四）收购国家禁止收购的其他物品的。

第六十条 有下列行为之一的，处五日以上十日以下拘留，并处二百元以上五百元以下罚款：

（一）隐藏、转移、变卖或者损毁行政执法机关依法扣押、查封、冻结的财物的；

（二）伪造、隐匿、毁灭证据或者提供虚假证言、谎报案情，影响行政执法机关依法办案的；

（三）明知是赃物而窝藏、转移或者代为销售的；

（四）被依法执行管制、剥夺政治权利或者在缓刑、暂予监外执行中的罪犯或者被依法采取刑事强制措施的人，有违反法律、行政法规或者国务院有关部门的监督管理规定的行为。

第六十一条 协助组织或者运送他人偷越国（边）境的，处十日以上十五日以下拘留，并处一千元以上五千元以下罚款。

第六十二条 为偷越国（边）境人员提供条件的，处五日以上十日以下拘留，并处五百元以上二千元以下罚款。

偷越国（边）境的，处五日以下拘留或者五百元以下罚款。

第六十三条 有下列行为之一的，处警告或者二百元以下罚款；情节较重的，处五日以上十日以下拘留，并处二百元以上五百元以下罚款：

（一）刻划、涂污或者以其他方式故意损坏国家保护的文物、名胜古迹的；

（二）违反国家规定，在文物保护单位附近进行爆破、挖掘等活动，危及文物安全的。

第六十四条 有下列行为之一的，处五百元以上一千元以下罚款；情节严重的，处十日以上十五日以下拘留，并处五百元以上一千元以下罚款：

（一）偷开他人机动车的；

（二）未取得驾驶证驾驶或者偷开他人航空器、机动船舶的。

第六十五条 有下列行为之一的，处五日以上十日以下拘留；情节严重的，处十日以上十五日以下拘留，可以并处一千元以下罚款：

（一）故意破坏、污损他人坟墓或者毁坏、丢弃他人尸骨、骨灰的；

（二）在公共场所停放尸体或者因停放尸体影响他人正常生活、工作秩序，不听劝阻的。

第六十六条 卖淫、嫖娼的，处十日以上十五日以下拘留，可以并处五千元以下罚款；情节较轻的，处五日以下拘留或者五百元以下罚款。

在公共场所拉客招嫖的，处五日以下拘留或者五百元以下罚款。

第六十七条 引诱、容留、介绍他人卖淫的，处十日以上十五日以下拘留，可以并处五千元以下罚款；情节较轻的，处五日以下拘留或者五百元以下罚款。

第六十八条 制作、运输、复制、出售、出租淫秽的书刊、图片、影片、音像制品等淫秽物品或者利用计算机信息网络、电话以及其他通信工具传播淫秽信息的，处十日以上十五日以下拘留，可以并处三千元以下罚款；情节较轻的，处五日以下拘留或者五百元以下罚款。

第六十九条 有下列行为之一的，处十日以上十五日以下拘留，并处五百元以上一千元以下罚款：

（一）组织播放淫秽音像的；

（二）组织或者进行淫秽表演的；

（三）参与聚众淫乱活动的。

明知他人从事前款活动，为其提供条件的，依照前款的规定处罚。

第七十条 以营利为目的，为赌博提供条件的，或者参与赌博赌资较大的，处五日以下拘留或者五百元以下罚款；情节严重的，处十日以上十五日以下拘留，并处五百元以上三千元以下罚款。

第七十一条 有下列行为之一的，处十日以上十五日以下拘留，可以并处三千元以下罚款；情节较轻的，处五日以下拘留或者五百元以下罚款：

（一）非法种植罂粟不满五百株或者其他少量毒品原植物的；

（二）非法买卖、运输、携带、持有少量未经灭活的罂粟等毒品原植物种子或者幼苗的；

（三）非法运输、买卖、储存、使用少量罂粟壳的。

有前款第一项行为，在成熟前自行铲除的，不予处罚。

第七十二条 有下列行为之一的，处十日以上十五日以下拘留，可以并处二千元以下罚款；情节较轻的，处五日以下拘留或者五百元以下罚款：

（一）非法持有鸦片不满二百克、海洛因或者甲基苯丙胺不满十克或者其他少量毒品的；

（二）向他人提供毒品的；

（三）吸食、注射毒品的；

（四）胁迫、欺骗医务人员开具麻醉药品、精神药品的。

第七十三条 教唆、引诱、欺骗他人吸食、注射毒品的，处十日以上十五日以下拘留，并处五百元以上二千元以下罚款。

第七十四条 旅馆业、饮食服务业、文化娱乐业、出租汽车业等单位的人员，在公安机关查处吸毒、赌博、卖淫、嫖娼活动时，为违法犯罪行为人通风报信的，处十日以上十五日以下拘留。

第七十五条 饲养动物，干扰他人正常生活的，处警告；警告后不改正的，或者放任动物恐吓他人的，处二百元以上五百元以下罚款。

驱使动物伤害他人的，依照本法第四十三条第一款的规定处罚。

第七十六条 有本法第六十七条、第六十八条、第七十条的行为，屡教不改的，可以按照国家规定采取强制性教育措施。

第四章 处罚程序

第一节 调查

第七十七条 公安机关对报案、控告、举报或者违反治安管理行为人主动投案，以及其他行政主管部门、司法机关移送的违反治安管理案件，应当及时受理，并进行登记。

第七十八条 公安机关受理报案、控告、举报、投案后，认为属于违反治安管理行为的，应当立即进行调查；认为不属于违反治安管理行为的，应当告知报案人、控告人、举报人、投案人，并说明理由。

第七十九条 公安机关及其人民警察对治安案件的调查，应当依法进行。严禁刑讯逼供或者采用威胁、引诱、欺骗等非法手段收集证据。

以非法手段收集的证据不得作为处罚的根据。

第八十条 公安机关及其人民警察在办理治安案件时，对涉及的国家秘密、商业秘密或者个人隐私,应当予以保密。

第八十一条 人民警察在办理治安案件过程中,遇有下列情形之一的,应当回避;违反治安管理行为人、被侵害人或者其法定代理人也有权要求他们回避:

(一)是本案当事人或者当事人的近亲属的;

(二)本人或者其近亲属与本案有利害关系的;

(三)与本案当事人有其他关系,可能影响案件公正处理的。

人民警察的回避,由其所属的公安机关决定;公安机关负责人的回避,由上一级公安机关决定。

第八十二条 需要传唤违反治安管理行为人接受调查的,经公安机关办案部门负责人批准,使用传唤证传唤。对现场发现的违反治安管理行为人,人民警察经出示工作证件,可以口头传唤,但应当在询问笔录中注明。

公安机关应当将传唤的原因和依据告知被传唤人。对无正当理由不接受传唤或者逃避传唤的人,可以强制传唤。

第八十三条 对违反治安管理行为人,公安机关传唤后应当及时询问查证,询问查证的时间不得超过八小时;情况复杂,依照本法规定可能适用行政拘留处罚的,询问查证的时间不得超过二十四小时。

公安机关应当及时将传唤的原因和处所通知被传唤人家属。

第八十四条 询问笔录应当交被询问人核对;对没有阅读能力的,应当向其宣读。记载有遗漏或者差错的,被询问人可以提出补充或者更正。被询问人确认笔录无误后,应当签名或者盖章,询问的人民警察也应当在笔录上签名。

被询问人要求就被询问事项自行提供书面材料的,应当准许;必要时,人民警察也可以要求被询问人自行书写。

询问不满十六周岁的违反治安管理行为人，应当通知其父母或者其他监护人到场。

第八十五条 人民警察询问被侵害人或者其他证人，可以到其所在单位或者住处进行；必要时，也可以通知其到公安机关提供证言。

人民警察在公安机关以外询问被侵害人或者其他证人，应当出示工作证件。

询问被侵害人或者其他证人，同时适用本法第八十五条的规定。

第八十六条 询问聋哑的违反治安管理行为人、被侵害人或者其他证人，应当有通晓手语的人提供帮助，并在笔录上注明。

询问不通晓当地通用的语言文字的违反治安管理行为人、被侵害人或者其他证人，应当配备翻译人员，并在笔录上注明。

第八十七条 公安机关对与违反治安管理行为有关的场所、物品、人身可以进行检查。检查时，人民警察不得少于二人，并应当出示工作证件和县级以上人民政府公安机关开具的检查证明文件。对确有必要立即进行检查的，人民警察经出示工作证件，可以当场检查，但检查公民住所应当出示县级以上人民政府公安机关开具的检查证明文件。

检查妇女的身体，应当由女性工作人员进行。

第八十八条 检查的情况应当制作检查笔录，由检查人、被检查人和见证人签名或者盖章；被检查人拒绝签名的，人民警察应当在笔录上注明。

第八十九条 公安机关办理治安案件，对与案件有关的需要作为证据的物品，可以扣押；对被侵害人或者善意第三人合法占有的财产，不得扣押，应当予以登记。对与案件无关的物品，不得扣押。

对扣押的物品，应当会同在场见证人和被扣押物品持有人查点清楚，当场开列清单一式二份，由调查人员、见证人和持有人签名或者盖章，一份交给持有人，另一份附卷备查。

对扣押的物品，应当妥善保管，不得挪作他用；对不宜长期保存的物品，按照有关规定处理。经查明与案件无关的，应当及时退还；经核实属于他人合法财产的，应当登记后立即退还；满六个月无人对该财产主张权利或者无法查清权利人的，应当公开拍卖或者按照国家有关规定处理，所得款项上缴国库。

第九十条 为了查明案情，需要解决案件中有争议的专门性问题的，应当指派或者聘请具有专门知识的人员进行鉴定；鉴定人鉴定后，应当写出鉴定意见，并且签名。

第二节 决定

第九十一条 治安管理处罚由县级以上人民政府公安机关决定；其中警告、五百元以下的罚款可以由公安派出所决定。

第九十二条 对决定给予行政拘留处罚的人，在处罚前已经采取强制措施限制人身自由的时间，应当折抵。限制人身自由一日，折抵行政拘留一日。

第九十三条 公安机关查处治安案件，对没有本人陈述，但其他证据能够证明案件事实的，可以作出治安管理处罚决定。但是，只有本人陈述，没有其他证据证明的，不能作出治安管理处罚决定。

第九十四条 公安机关作出治安管理处罚决定前，应当告知违反治安管理行为人作出治安管理处罚的事实、理由及依据，并告知违反治安管理行为人依法享有的权利。

违反治安管理行为人有权陈述和申辩。公安机关必须充分听取违反治安管理行为人的意见，对违反治安管理行为人提出的事实、理由和证据，应当进行复核；违反治安管理行为人提出的事实、理由或者证据成立的，公安机关应当采纳。

公安机关不得因违反治安管理行为人的陈述、申辩而加重处罚。

第九十五条 治安案件调查结束后，公安机关应当根据不同情况，分别作出以下处理：

（一）确有依法应当给予治安管理处罚的违法行为的，根据情节轻重及具体情况，作出处罚决定；

（二）依法不予处罚的，或者违法事实不能成立的，作出不予处罚决定；

（三）违法行为已涉嫌犯罪的，移送主管机关依法追究刑事责任；

（四）发现违反治安管理行为人有其他违法行为的，在对违反治安管理行为作出处罚决定的同时，通知有关行政主管部门处理。

第九十六条 公安机关作出治安管理处罚决定的，应当制作治安管理处罚决定书。决定书应当载明下列内容：

（一）被处罚人的姓名、性别、年龄、身份证件的名称和号码、住址；

（二）违法事实和证据；

（三）处罚的种类和依据；

（四）处罚的执行方式和期限；

（五）对处罚决定不服，申请行政复议、提起行政诉讼的途径和期限；

（六）作出处罚决定的公安机关的名称和作出决定的日期。

决定书应当由作出处罚决定的公安机关加盖印章。

第九十七条 公安机关应当向被处罚人宣告治安管理处罚决定书，并当场交付被处罚人；无法当场向被处罚人宣告的，应当在二日内送达被处罚人。决定给予行政拘留处罚的，应当及时通知被处罚人的家属。

有被侵害人的，公安机关应当将决定书副本抄送被侵害人。

第九十八条 公安机关作出吊销许可证以及处二千元以上罚款的治安管理处罚决定前，应当告知违反治安管理行为人有权要求举行听证；违反治安管理行为人要求听证的，公安机关应当及时依法举行听证。

第九十九条 公安机关办理治安案件的期限，自受理之日起不得超过三十日；案情重大、复杂的，经上一级公安机关批准，可以延长三十日。

为了查明案情进行鉴定的期间，不计入办理治安案件的期限。

第一百条 违反治安管理行为事实清楚，证据确凿，处警告或者二百元以下罚款的，可以当场作出治安管理处罚决定。

第一百零一条 当场作出治安管理处罚决定的，人民警察应当向违反治安管理行为人出示工作证件，并填写处罚决定书。处罚决定书应当当场交付被处罚人；有被侵害人的，并将决定书副本抄送被侵害人。

前款规定的处罚决定书，应当载明被处罚人的姓名、违法行为、处罚依据、罚款数额、时间、地点以及公安机关名称，并由经办的人民警察签名或者盖章。

当场作出治安管理处罚决定的，经办的人民警察应当在二十四小时内报所属公安机关备案。

第一百零二条 被处罚人对治安管理处罚决定不服的，可以依法申请行政复议或者提起行政诉讼。

第三节　执行

第一百零三条　对被决定给予行政拘留处罚的人，由作出决定的公安机关送达拘留所执行。

第一百零四条　受到罚款处罚的人应当自收到处罚决定书之日起十五日内，到指定的银行缴纳罚款。但是，有下列情形之一的，人民警察可以当场收缴罚款：

（一）被处五十元以下罚款，被处罚人对罚款无异议的；

（二）在边远、水上、交通不便地区，公安机关及其人民警察依照本法的规定作出罚款决定后，被处罚人向指定的银行缴纳罚款确有困难，经被处罚人提出的；

（三）被处罚人在当地没有固定住所，不当场收缴事后难以执行的。

第一百零五条　人民警察当场收缴的罚款，应当自收缴罚款之日起二日内，交至所属的公安机关；在水上、旅客列车上当场收缴的罚款，应当自抵岸或者到站之日起二日内，交至所属的公安机关；公安机关应当自收到罚款之日起二日内将罚款缴付指定的银行。

第一百零六条　人民警察当场收缴罚款的，应当向被处罚人出具省、自治区、直辖市人民政府财政部门统一制发的罚款收据；不出具统一制发的罚款收据的，被处罚人有权拒绝缴纳罚款。

第一百零七条　被处罚人不服行政拘留处罚决定，申请行政复议、提起行政诉讼的，可以向公安机关提出暂缓执行行政拘留的申请。公安机关认为暂缓执行行政拘留不致发生社会危险的，由被处罚人或者其近亲属提出符合本法第一百零八条规定条件的

担保人，或者按每日行政拘留二百元的标准交纳保证金，行政拘留的处罚决定暂缓执行。

第一百零八条 担保人应当符合下列条件：

（一）与本案无牵连；

（二）享有政治权利，人身自由未受到限制；

（三）在当地有常住户口和固定住所；

（四）有能力履行担保义务。

第一百零九条 担保人应当保证被担保人不逃避行政拘留处罚的执行。

担保人不履行担保义务，致使被担保人逃避行政拘留处罚的执行的，由公安机关对其处三千元以下罚款。

第一百一十条 被决定给予行政拘留处罚的人交纳保证金，暂缓行政拘留后，逃避行政拘留处罚的执行的，保证金予以没收并上缴国库，已经作出的行政拘留决定仍应执行。

第一百一十一条 行政拘留的处罚决定被撤销，或者行政拘留处罚开始执行的，公安机关收取的保证金应当及时退还交纳人。

第五章 执法监督

第一百一十二条 公安机关及其人民警察应当依法、公正、严格、高效办理治安案件，文明执法，不得徇私舞弊。

第一百一十三条 公安机关及其人民警察办理治安案件，禁止对违反治安管理行为人打骂、虐待或者侮辱。

第一百一十四条 公安机关及其人民警察办理治安案件，应当自觉接受社会和公民的监督。

公安机关及其人民警察办理治安案件，不严格执法或者有违法违纪行为的，任何单位和个人都有权向公安机关或者人民检察院、行政监察机关检举、控告；收到检举、控告的机关，应当依据职责及时处理。

第一百一十五条 公安机关依法实施罚款处罚，应当依照有关法律、行政法规的规定，实行罚款决定与罚款收缴分离；收缴的罚款应当全部上缴国库。

第一百一十六条 人民警察办理治安案件，有下列行为之一的，依法给予行政处分；构成犯罪的，依法追究刑事责任：

（一）刑讯逼供、体罚、虐待、侮辱他人的；

（二）超过询问查证的时间限制人身自由的；

（三）不执行罚款决定与罚款收缴分离制度或者不按规定将罚没的财物上缴国库或者依法处理的；

（四）私分、侵占、挪用、故意损毁收缴、扣押的财物的；

（五）违反规定使用或者不及时返还被侵害人财物的；

（六）违反规定不及时退还保证金的；

（七）利用职务上的便利收受他人财物或者谋取其他利益的；

（八）当场收缴罚款不出具罚款收据或者不如实填写罚款数额的；

（九）接到要求制止违反治安管理行为的报警后，不及时出警的；

（十）在查处违反治安管理活动时，为违法犯罪行为人通风报信的；

（十一）有徇私舞弊、滥用职权，不依法履行法定职责的其他情形的。

办理治安案件的公安机关有前款所列行为的，对直接负责的主管人员和其他直接责任人员给予相应的行政处分。

第一百一十七条 公安机关及其人民警察违法行使职权，侵犯公民、法人和其他组织合法权益的，应当赔礼道歉；造成损害的，应当依法承担赔偿责任。

第六章　附则

第一百一十八条　本法所称以上、以下、以内，包括本数。

第一百一十九条　本法自 2006 年 3 月 1 日起施行。1986 年 9 月 5 日公布、1994 年 5 月 12 日修订公布的《中华人民共和国治安管理处罚条例》同时废止。

附录四：常用电话

报警求助	110
火警	119
急救中心	120
公安短信报警	12110
水上求救专用	12395
天气预报	12121
报时服务	12117
森林火警	95119
红十字会急救台	999
消费者申诉举报	12315
价格监督举报	12358
质量监督电话	12365
机构编制违规举报热线	12310
环保局监督电话	12369
民工维权热线电话	12333
税务局通用电话	12366
招商银行	95555
中国银行	95566

建设银行	95533
工商银行	95588
农业银行	95599
长沙银行	96511
中信银行	95558
民生银行	95568
光大银行	95595
交通银行	95559
广发银行	95508
浦发银行	95528
深发银行	95501
华夏银行	95577
兴业银行	95561
邮政储蓄银行	95580
供电局	95598
文化市场综合执法	12318

参考文献

［1］宋志伟，燕国瑞. 大学生活安全教育［M］. 北京：清华大学出版社，2007.

［2］刘建. 应急救护知识［M］. 北京：中国劳动社会保障出版社，2008.

［3］李建华，黄汉京，黄郑华. 消防安全知识［M］. 北京：中国劳动社会保障出版社，2008.

［4］侯光明. 大学生安全知识［M］. 北京：机械工业出版社，2008.

［5］刘盛. 消防安全知识教育读本［M］. 北京：中国法制出版社，2009.

［6］洪波. 大学生安全知识教育手册［M］. 北京：经济科学出版社，2010.

［7］杜亚明，刘怀清，唐维海. 实用现场急救技术［M］. 北京：人民卫生出版社，2014.

［8］毛润政. 大学生安全防范知识教程［M］. 武汉：武汉大学出版社，2011.

［9］葛均波，徐永健. 内科学：第八版［M］. 北京：人民卫生出版社，2013.

［10］张长颢. 营养与食品卫生学：第七版［M］. 北京：人民卫生出版社，2012.

［11］陈孝平，汪建平. 外科学：第八版［M］. 北京：人民卫生出版社，2014.

［12］谢幸，苟文丽. 妇产科学［M］. 第八版. 北京：人民卫生出版社，2013.

［13］世界卫生组织官方网站 http://www.who.int/zh/

［14］国家卫计委官方网站 http://www.nhfpc.gov.cn/

［15］湖南省精神医学中心，中国医学救援协会心理救援分会，国家精神心理疾病临床医学研究中心（中南大学湘雅二医院）编. 新型冠状病毒肺炎大众防护与心理疏导［M］. 长沙：中南大学出版社，2020.

图书在版编目(CIP)数据

大学生活安全手册／李景升主编. —5版. 长沙：
中南大学出版社，2020.8(2025.7重印)

ISBN 978-7-5487-4136-7

Ⅰ.①大… Ⅱ.①李… Ⅲ.①大学生－生活安全－安全教育 Ⅳ.①G645.5

中国版本图书馆 CIP 数据核字(2020)第 154707 号

大学生活安全手册
(第5版)

李景升 主编

□ 出 版 人	林绵优	
□ 责任编辑	陈雪萍	
□ 责任印制	唐 曦	
□ 出版发行	中南大学出版社	
	社址：长沙市麓山南路	邮编：410083
	发行科电话：0731-88876770	传真：0731-88710482
□ 印 装	湖南省众鑫印务有限公司	

□ 开 本	880 mm×1230 mm 1/32	□ 印张 8	□ 字数 178 千字
□ 版 次	2020 年 8 月第 1 版	□ 印次 2025 年 7 月第 6 次印刷	
□ 书 号	ISBN 978-7-5487-4136-7		
□ 定 价	23.00 元		